Klaus Straubinger

Herausgegeben
von Herbert Mainusch

Hirmer Verlag München

Photographen:
Dietmar Banck, Bremen
Peter Dorn, Dortmund
Jochen Mönch, Bremen
Rolf Wilm, Bremen
Christian Wisura, Diedesheim
Jürgen Wisckow, Lindau

Die Deutsche Bibliothek – CIP-Einheitsaufnahme

Straubinger, Klaus:
Klaus Straubinger / hrsg. von Herbert Mainusch.
Fotogr. Dietmar Banck ... – München:
Hirmer, 1996
ISBN 3-7774-6940-8
NE: Mainusch, Herbert [Mitarb.]; HST

Lithos: proprint, Obrigheim
Satz, Druck und Bindung: Metzger-Druck, Obrigheim
Gestaltung: Ingeborg Straubinger
Printed in Germany
ISBN 3-7774-6940-8

An dieser Stelle möchte ich mich
sehr herzlich bedanken
bei meiner Frau Inge
und den Freunden Herbert und Jean Paul
für ihr hohes Engagement
beim Zustandekommen dieses Buches.

Mein Dank gilt nicht zuletzt auch
dem Hirmer Verlag, München,
für die verlegerische Betreuung.

Bremen, im Januar 1996

Klaus Straubinger

Inhalt

Vorwort

Viele Erscheinungen unserer komplizierten modernen Welt bedürfen zu ihrer Erläuterung der Experten. Dies ist eine Erfahrung, die wir täglich machen müssen. Aber diese Erfahrung läßt sich nicht auf Erscheinungen der modernen Kunst – und hier besonders der modernen Malerei – übertragen. Experten können uns etwas über Richtungen und Strömungen sagen, uns über Stilentwicklungen aufklären, uns Etikettierungen liefern. Zu unserer individuellen Erfahrung aber leisten sie keinen Beitrag.

Das wirkliche Kunstwerk nötigt uns keine Meinung auf, vielmehr gewährt es uns die Freiheit, uns selbst ein Bild zu machen, und das heißt, am künstlerischen Prozeß teilzunehmen. In diesem Prozeß sind Experten von untergeordneter Bedeutung.

Diese Freiheit ist gemeint, wenn Klaus Straubinger immer wieder betont, daß er die Interpretation seiner Bilder grundsätzlich dem Betrachter überlasse.

Die Kunst wird nicht beschädigt, wenn sich der Betrachter die Freiheit der Interpretation nimmt. Sie wird beschädigt durch bloßes Expertentum und durch Indifferenz.

Münster, im Januar 1996   H. M.

HERBERT MAINUSCH

EROSION UND KONSTRUKTION

Versuch einer Annäherung an die Malerei von Klaus Straubinger

Der Maler Klaus Straubinger – 1939 in Villingen, Schwarzwald, geboren und seit 1970 Bremer Wahlbürger – gehört zu den profiliertesten Künstlern der Gegenwart. An großen Erfolgen und an öffentlicher Anerkennung hat es ihm nie gefehlt. Der Schüler und spätere Freund von Erich Glette und Oskar Kokoschka war der erste deutsche Künstler, der gebeten wurde, im Europäischen Parlament auszustellen. Die Kritik hat ihn gefeiert, seine Bilder sind in vielen bedeutenden privaten und öffentlichen Sammlungen zeitgenössischer Kunst zu finden. Von den großen internationalen Kunstmessen – Düsseldorf, Köln, Basel, Wien – wurde er immer wieder eingeladen, sich zu beteiligen.

Vom Kunstbetrieb hat sich Klaus Straubinger entschieden ferngehalten. Er ist kaum einzuordnen. Natürlich wissen wir, daß alle Versuche, bedeutende Künstler auf bestimmte kunsthistorische Kategorien festzulegen, nicht sehr weit führen und daher überflüssig sind. Peter Brook, der große Theatermann, schrieb vor einiger Zeit: "Es geht bei den Künsten immer wieder um den Platz, den ein Werk in der Kunstgeschichte haben soll. Für das Theater ist so etwas absolut destruktiv und lächerlich. Das Theater hat keine Moden." Die Frage wäre, warum dies eigentlich nicht ebenso für die Malerei gelten sollte.

Im Zeitalter der Experten und der Spezialisten gilt indessen die größte Aufmerksamkeit jenem Künstler, der eine bestimmte Richtung vertritt, der neue Schneisen durch das Dickicht der Kunst zu schlagen verspricht und möglicherweise mit seinen künstlerischen auch noch gesellschaftspolitische Intentionen verknüpft, dessen Werke folglich nicht nur die an der Kunst Interessierten zufriedenstellen, sondern zugleich einer größeren Bevölkerungsgruppe zum Nutzen und Segen gereichen sollen.

Die gegenwärtige Kunstdiskussion ist gewiß außerordentlich geistreich und sehr differenziert, aber sie leidet an drei gravierenden Defiziten:

1. Zunächst fehlt es weitgehend an geschichtlichen Kenntnissen. Insbesondere die großen englischen kunsttheoretischen Schriften des 18. und 19. Jahrhunderts sind so gut wie unbekannt, oder sie werden nicht ernst genommen. Die Rezeption des Werks von Oscar Wildes, dessen Essay "The Critic as Artist" Thomas Mann zu den großartigsten Essays der Weltliteratur zählte, bezeugt dies zur Genüge.

2. Die Schriften unserer Kunsthistoriker werden in der hauptsächlich von Philosophen und Philologen geführten kunsttheoretischen Diskussion ebenfalls nur unzulänglich rezipiert. Gerade die zahlreichen heute verfügbaren Ausstellungskataloge aber enthalten z. T. erstrangige Texte, die aus der lebendigen Auseinandersetzung mit Kunstwerken und eben nicht am grünen Tisch entstanden sind.

3. Auffallend schließlich ist die konsequente Ausblendung der Kunst und der Kunstdiskussion des Ostens. In Zukunft dürfte es nicht länger möglich sein, die Kunst und die Kunstphilosophie Chinas zu ignorieren.

Die Kunstgeschichtsschreibung wiederum gerät häufig dann auf Abwege, wenn sie über das scheinbar Neue in der Malerei zu schreiben versucht, um das mit dem Neuen angeblich verknüpfte Aufregende und Sensationelle hervorzuheben. So findet sich beispielsweise in dem von Inter Nationes 1988 herausgegebenen, durchaus repräsentativen Sammelband mit dem Titel "Kunst heute in der Bundesrepublik Deutschland" unter der Überschrift "Malerei – Positionen und Widersprüche" eine durchaus sorgfältige Beschreibung der – wie es dort wörtlich heißt – "aktuellen Kunst". Unwillkürlich fragt man sich, ob es auch eine nicht-aktuelle Kunst gibt und wie diese aussieht. Die Begriffe "zeitnah" und "zeitkonform" – und dies ist die Bedeutung von "aktuell" – führen Beurteilungskategorien in die Diskussion von Malerei ein, die jeder Willkür des Urteils Tür und Tor öffnen.

Dem Verfasser, dem Kunsthistoriker Wolfgang Max Faust, geht es erkennbar nicht um Malerei, sondern um "Neuheiten": "Die italienischen Künstler (gemeint sind Sandro Chia, Francesco Clemente, Enzo Cucchi und Mimmo Paladino) gestalteten ihr Lebensgefühl aus Erfahrungen mit Kunst und erfanden in ihren Bildern komplexe 'Chiffren' (Arte cifra), die unsere Gegenwart verschlüsselt deuten." Zu fragen wäre zunächst, ob die Malerei mit der Aufgabe, unsere Gegenwart zu deuten, nicht überfordert ist. Man vergleiche nur, was Fjodor Dostojewski zu diesem Thema anzumerken hatte: "Man sagt, daß das künstlerische Schaffen das Leben widerzuspiegeln habe. Das ist doch alles Unfug: Der Künstler schafft doch das Leben selbst, und zwar ein Leben, das es in diesem Umfang noch gar nicht gegeben hat." Im übrigen ist für uns das moderne Leben schon verschlüsselt genug; an einer weiteren Verschlüsselung – etwa durch Malerei – können wir gar nicht interessiert sein.

Fast buchhalterisch listet Wolfgang Max Faust die jeweiligen "Neuheitsbeiträge" auf. Durch die Kategorie des Neuen aber geschieht den Künstlern Unrecht. Jeder Gang durch ein Kaufhaus liefert hinreichend Anschauungsmaterial dafür, daß die Kategorie des Neuen nichts als einen groben Kaufanreiz darstellt; suggeriert wird, daß das neue Produkt seinen Vorgänger eindeutig deklassiert. Die Bilder von Gerhard Richter seien "rational kalkulierte Bild-Zeichen, die die Geste vom Schein des Natürlichen befreien und als jeweilige Entscheidungen zeigen". Bei Bernd Koberling lasse sich "ein kosmisches Gefühl ahnen, das in der Malerei und durch die Malerei zu erleben sein soll". Zugleich aber "erzeugen diese Bilder einen Zustand der Ungewißheit". Salomé (Wolfgang Cilarz) arbeite im Bereich der Performance, Rainer Fetting schwanke in seinem Werk zwischen "extremer Privatheit und öffentlichem Sprechen", wobei nicht erklärt wird, unter welchen Bedingungen Privatheit extrem werden kann. Immerzu geht es in dieser Schrift um Entwicklungen und Weiterentwicklungen. Bei Dieter Hacker würden "figurative Traditionen weiterentwickelt"; dagegen stellten sich "Reinhard Pods, Ilja Heinig oder Katja Hajek in die Entwicklungslinie einer gestischen Abstraktion". Ein weiterer Künstler spüre in diesem Gegeneinander "ein verbindendes Element", zwei weitere formulierten dagegen "Gegenstimmen zur primär 'gestischen Expression'". Man entwickele "komplexe Thematiken", finde "neue einprägsame Chiffren" oder erfinde "ein doppeltes Verfahren". Alles dies beziehe sich selbstverständlich auf unsere Zeit, sogar auf die zeitgenössische Politik – natürlich "ohne politische Statements abzugeben" –, verbinde sich "mit politischen Fakten", zeige "existentielle Betroffenheit" und sei verknüpft mit "Deformationen, die die Gegenwart wie die (deutsche) Vergangenheit charakterisieren". Die schwierigen Bilder von Peter Bömmels schließlich zeigten eine Welt, "die erfüllt ist von Bedrohungen und Verfehlungen".

In einem Essay über die Arbeiten von Bruce Nauman – um ein weiteres charakteristisches Beispiel für das zwar verbreitete, aber wenig reflektierte Sprechen über das Neue in der Malerei anzuführen – stellt der Kunsthistoriker Thomas Wagner die Frage: "Wie soll, wer im Bereich des Anschaulichen arbeitet, ohne Aussicht auf Wahrheit und ohne den festen Boden einer Wirklichkeit, auf die er sich beziehen kann, noch Werke der Kunst hervorbringen?" Dies aber ist keineswegs das Problem der Moderne, sondern ein philosophischer Gemeinplatz seit der Antike. Und als sei dies die entscheidende existentielle Frage der modernen Kunst, folgt der ersten eine zweite rhetorische Frage, die keineswegs sinnvoller ist: "Kann er, ein junger Künstler, . . . einfach weitermalen, wie er es bislang und wie es Generationen von Malern vor ihm getan haben?"

Die in dieser Fragestellung herbeizitierte Apokalypse ist ein gründlich verbrauchtes Klischee. Die Antwort kann nur lauten: "Selbstverständlich" und "selbstverständlich nicht", "selbstverständlich" deswegen, weil sich Bruce Nauman nicht einbilden sollte, daß mit ihm die Kunst von neuem beginne oder erst richtig ihren Anfang nehme, "selbstverständlich nicht", weil er sich, wie alle Künstler, von seinen Vorbildern und Lehrern abnabeln muß. "Die Maler", schreibt Heinrich von Kleist, "müssen sich mit dem Rücken zu Raffael stellen und in diametral entgegengesetzter Richtung ihren Weg suchen." Das war nie anders.

Bruce Nauman genüge es nicht, so Wagner, "Bilder und Landschaften zu malen", ihn treibe vielmehr um, "was Kunst an sich zu sein vermöge und nicht bloß die Malerei". Die Vorstellung einer "Kunst an sich" aber ist unsinnig. Bruce Nauman und sein Essayist hätten Walter Pater lesen müssen, der in der Schrift "The School of Giorgione" ausführt: "Zu den verbreitetsten Fehlern einer gedankenlosen Kritik gehört es, Dichtkunst, Musik und Malerei als Übersetzungen ein und derselben begrenzten Vorstellungswelt in jeweils verschiedene Sprachen aufzufassen, die sich durch technische Qualitäten unterscheiden. . . Auf diese Weise aber verliert die Kunst das ihr eigentümliche Element des Sinnlichen."

Wie untauglich der Begriff des Neuen ist, um Phänomene der modernen Malerei zu beschreiben, wird vollends deutlich, wenn es schließlich heißt, daß Nauman die von ihm empfundene Ungewißheit "für einen neuen Begriff von Kunst und Künstlertum produktiv machen" wolle. Kunst bestehe nicht als Arbeit an einem Objekt, "dessen wohlgefällige Besonderheit und ästhetische Dignität sie zum Erscheinen zu bringen" trachte, sondern sei eine Erprobung "unterschiedlicher Perspektiven und Haltungen zur Welt", wobei Selbstwahrnehmung und deren angemessene Verarbeitung eine Rolle spiele. Was "ästhetische Dignität" ist, wird niemand erklären können, und an den unterschiedlichen Haltungen irgendwelcher Zeitgenossen zur Welt sind wir ebenso mäßig interessiert wie an deren Selbstwahrnehmungs-Verarbeitungsprozessen.

Das Experiment in der Kunst ist notwendig, ja die Kunst insgesamt ist nichts anderes als ein großes Experimentieren. Die Proben im Theater, so Max Frisch, sind immer stimulierender als die fertigen Aufführungen: "Varianten eines Vorgangs zeigen mehr als der Vorgang in seiner definitiven Version. Auffächerung der Möglichkeit, wie ein und dieselbe Figur sich verhalten kann. Oft kaum zu unterscheiden, welche Version glaubhafter ist; keine ist die einzig richtige Antwort. Dann aber die fertige Aufführung: nur und nur so geschieht's. Wie im Leben. Einläufigkeit anstelle der Auffächerung." Der Malvorgang selbst, nicht etwa das fertige Bild, ist dem, was wir so leichthin Kunst nennen, adäquat.

In der gegenwärtigen chinesischen Diskussion von Malerei spielt die Kategorie des Erforschens eine wichtige Rolle. Erforschen heißt in diesem Zusammenhang nicht einfach, das Existierende zu studieren – dies gewiß auch –, die Kategorie des Erforschens richtet vielmehr einen Appell an den Künstler, sich selbst kennenzulernen, um Distanz von sich zu gewinnen. Erforschen heißt auch: sich verändern, werden. – Man mag, so heißt es in dieser Diskussion, vieles kennen, vieles gelernt haben oder aus seiner Erfahrung wissen, aber wenn man diese ganzen Dinge nur in seinem Kopf bewahre und sie nicht weiterverarbeite, dann würden sie zur Last. Der unvollkommene Wandel sei besser als die vollkommene Stabilität oder Stagnation. In der Kunst bedeute Wandel Veränderung, nicht einfach, daß man sich von anderen – also etwa von seinen Lehrern – löse, er bedeute vielmehr etwas sehr viel Schwereres, nämlich, daß man von sich selbst wegkomme. Das Neue, so würde man dies verstehen müssen, ist keine von außen meßbare Kategorie, für die ein vages Zeitgefühl den Maßstab liefert, sondern ist verkörpert in einem Werk, das sich aus der Umklammerung des letzten Werkes, so sehr gelungen und hochgelobt es auch sein mag, mutig löst.

Das Neue an sich kann also keine für Kunst auch nur halbwegs relevante Kategorie sein. Der in Deutschland geführten Diskussion um Malerei würde es sicherlich gut bekommen, wenn man hier die Ergebnisse der heftigen Auseinandersetzung um "die Bedeutung des Neuen in der Kunst" im England des 18. Jahrhunderts zur Kenntnis nähme. Sie hat damals die größten Geister auf den Plan gerufen. Der Begriff Neuheit, novelty, spielte in der für das 18. Jahrhundert charakteristischen Genielehre eine Schlüsselrolle. Als Genie galt nicht nur der große Künstler, sondern auch der überragende Wissenschaftler. Sein Erkennungszeichen, so lautete die damals in zahlreichen Essays und Pamphleten wiederholte These, sei die Erfindung, die Einführung von etwas Neuem in die Welt. Dieses Charakteristikum des naturwissenschaftlichen Genies aber könne zugleich als Merkmal des künstlerischen Genies in Anspruch genommen werden.

Dr. Johnson, der vielleicht wichtigste Kritiker im England des 18. Jahrhunderts, unterzog den verführerischen Begriff des Neuen, der ja zu allen Zeiten bereitwillig und auch unkritisch akzeptiert wurde – man denke nur an die modischen Vokabeln Innovation und innovativ –, einer scharfen Analyse. Die Genielehre nannte er die Geisteskrankheit (mental disease) seiner Zeit. Nichts in der Kunst sei eigentlich gefährlicher als ein mißverstandener Begriff von Neuheit, schrieb Johnson. Das sogenannte Neue sei jener Felsen, an dem schon viele Künstler endgültig gescheitert seien. Das Neue könne nur in der Art und Weise liegen, in der man das Alltägliche darstelle. Man solle es doch unterlassen, in unwegsamem Gelände, in dem man sich nur verlieren könne, nach Ideen zu jagen. Natürlich gehe vom Neuen mancher Reiz aus, aber seine Attraktivität gelange doch verhältnismäßig rasch an eine unüberwindbare Grenze. Wer nach dem Neuen jage, werde niemals wirkliche Größe erlangen. Die Künstler, die diesen Irrweg einschlügen, haschten nach Bewunderung, sie suchten nicht die kritische Auseinandersetzung. Im Grunde sei das Neue, sekundierte Thomas Reid seinem großen Vorbild, an kindlichen Gemütern orientiert, denn die Gier nach Neuem, die Neugier, sei zwar eine häufig anzutreffende menschliche Eigenschaft, bei Kindern sei sie aber doch am stärksten vorhanden. Wer das Neue, das Entlegene, ernsthaft suche, so Shaftesbury am Beginn des 18. Jahrhunderts, der suche es ausschließlich um seiner selbst willen. Alles Neue werde monströs. Es stehe unter dem Gesetz der Erschöpfung, denn kein Reiz ließe sich unbegrenzt steigern.

Die Malerei, schrieb Lessing im Kapitel 6 seiner 1766 erschienen Schrift "Laokoon. Oder über die Grenzen der Malerei und Poesie", brauche "Figuren und Farben in dem Raume", die Dichtung "artikuliere Töne in der Zeit". Die Zeit bleibt das Gebiet des Dichters, das Gebiet des Malers ist der Raum. Unberücksichtigt in diesem Zusammenhang kann bleiben, daß es in Lessings "Laokoon" nicht an erster Stelle darum geht, unterscheidende Kriterien für die beiden Kunstarten der Poesie und der Malerei bereitzustellen. Sein

Hauptanliegen ist vielmehr, Versuche abzuwehren, die einzelnen Künste für irgendwelche Zwecke in Dienst zu nehmen. Lessing möchte "den Namen der Kunstwerke nur denjenigen Werken beilegen, in welchen sich die Künstler wirklich als Künstler zeigen können". Alles andere aber, woran sich Spuren von Verabredungen zeigen, historische und insbesondere auch theologische, "verdient diesen Namen nicht, weil die Kunst hier nicht um ihrer selbst willen gearbeitet hat, sondern ein bloßes Hilfsmittel ist".

Dieses Grundgesetz der Kunst, das ja nicht erst Lessing beschreibt, das vielmehr seit der Antike die großen kunsttheoretischen Texte Europas und Asiens beherrscht, wird von zahlreichen modernen Kunstsachverständigen und Literaturtheoretikern als "Autonomie der Kunst" mißverstanden und als eine Erfindung des 19. Jahrhunderts charakterisiert. Zweifellos ist dieser Begriff eine Verharmlosung des Sachverhalts, um den es hier geht.

Die Frage ist also zunächst, wie sich Figuren und Farben im Raum, so wie wir sie in der Malerei sehen, von Figuren und Farben, wie wir sie im Raum der Realität sehen, unterscheiden und wie sie beschrieben werden können. Dies ist zunächst eine erkenntnistheoretische Frage, die grundsätzliche Probleme aufwirft. Von der modernen Gehirnforschung, der wahrnehmungs-, kognitionspsychologischen und der neurowissenschaftlichen Forschung wird uns schlüssig bestätigt, was ohnehin schon seit etlichen Jahrhunderten zu den Grundthesen der Philosophie gehörte, daß nämlich alle Wahrnehmung Leistung des Individuums ist, nicht aber eine Projektion auf der Bühne seines Bewußtseins. Die Welt spricht nicht zu "Betrachtern", sondern nur zu den Handelnden, zu den aktiv filternden, auswählenden Organismen. Mit erstaunlicher Hellsichtigkeit hat übrigens Nietzsche wesentliche Ergebnisse der modernen Neurologie vorweggenommen: "Wir haben Sinne nur für eine Auswahl von Wahrnehmungen – solcher, an denen uns gelegen sein muß, um uns zu erhalten. Bewußtsein ist so weit da, als Bewußtsein nützlich ist."

Der Karlsruher Philosoph Hans Lenk hat sich in seinem kürzlich erschienenen Werk "Interpretationskonstrukte. Zur Kritik der interpretativen Vernunft" mit diesem Sachverhalt auseinandergesetzt, der uns bislang nur bruchstückhaft und aus Aphorismen bekannt war. Jeder Satz, den wir aussprechen, so Lenk, jede Gemütsreaktion, jede Handlung impliziert Akte der Interpretation. Wir erkennen keine Wirklichkeit an sich, und selbst dieses fundamentale Bewußtsein, nur Interpretierende zu sein, ist bereits wieder ein – erkenntnistheoretisches – Interpretationsprodukt. Alle Gegenstände "werden von uns konstituiert, strukturiert, klassifiziert, sie sind abhängig von unseren interpretatorischen Zugangsweisen, Zuordnungen und Konstrukten. Eine Realität ist immer eine Wirklichkeit unter einer bestimmten, beschreibenden Perspektive. Wir können aus dieser Beschreibungsperspektive, aus unserem Begriffssystem, nicht aussteigen, um auf Wirklichkeit an sich zuzugreifen. Wir haben keine menschenunabhängige, begriffsunabhängige Erkenntnis, keine unabhängige Möglichkeit, Zugang zur Wirklichkeit zu erlangen, wir können eigentlich nur eine formulierte Erkenntnis durch eine andere formulierte Erkenntnis überprüfen. Unsere Welt ist von unseren menschlichen Bedürfnissen gleichsam vorstrukturiert und interpretiert". Wir werfen Netze aus, und die Beschaffenheit unserer Netze entscheidet darüber, was wir an Ertrag – Erkenntnissen – gewinnen.

Im Grunde wissen wir das alles, aber wir fangen jetzt erst allmählich an, die Folgen dieses Wissens zu begreifen. Man braucht zu diesem Thema ja nur Nietzsche aufzuschlagen. In den "Nachgelassenen Fragmenten" des Jahres 1887 finden sich die Sätze: "Der interpretative Charakter alles Geschehens. Es gibt kein Ereignis an sich. Was geschieht, ist eine Gruppe von Erscheinungen, aufgelesen und zusammengefaßt von einem interpretierenden Wesen … Gegen den Positivismus, welcher bei den Phänomenen stehen bleibt, 'es gibt nur Tatsachen', würde ich sagen: Nein, gerade Tatsachen gibt es nicht, nur Interpretationen. … Unsere Bedürfnisse sind es, die die Welt auslegen: unsere Triebe und deren Für und Wider. Jeder Trieb ist eine Art Herrschsucht, jeder hat seine Perspektive, welche er als Norm allen übrigen Trieben aufzwingen möchte."

Mehr als hundert Jahre vor Nietzsche hatte Johann Gottfried Herder in seinem Werk "Ideen zur Philosophie der Geschichte der Menschheit" hervorgehoben, daß die Wahrnehmung "ganz ein andres Ding sey als was ihr der Sinn zuführet. Wir nennen es ein Bild; es ist aber nicht das Bild, d. i. der lichte Punkt, der aufs Auge gemalt wird und der das Gehirn gar nicht erreichet; das Bild der Seele ist ein geistiges, von ihr selbst bei Veranlassung der Sinne geschaffenes Wesen. Sie ruft aus dem Chaos der Dinge, die sie umgeben, eine Gestalt hervor, an die sie sich mit Aufmerksamkeit heftet, und so schafft sie durch innere Macht aus dem vielen ein eins, das ihr allein zugehöret". In diesem Zusammenhang könnte man auch noch den Satz von Lichtenberg zitieren: "Anstatt daß sich die Welt in uns spiegelt, sollten wir vielmehr sagen, unsere Vernunft spiegelt sich in der Welt."

Erkenntnis heißt also zunächst ganz lapidar: Wir entnehmen dieser Welt, zu der wir keinen unmittelbaren Zugang haben, gewisse Ausschnitte, "welche wahrzunehmen für die Kreaturen unserer Stammesgeschichte von lebenserhaltender Bedeutung waren. So kommt es, daß wir Farbe und Wärme oder Raum und Zeit nicht als Teile einer Kontinuität, sondern als völlig getrennte Qualitäten erleben" (Rupert Riedl). Wir leben folglich weiter in einer voreinsteinschen Welt, wider besseres Wissen. "99,9 % unseres Wissens von der Welt ist uns angeboren", erklärte Karl Popper, und er fügte hinzu, er glaube, daß auch die nötige Anpassungsfähigkeit angeboren sei.

Wenn also generell gilt, daß die "Wirklichkeit" – so wie wir sie wahrnehmen – eine Konstruktion unseres Wahrnehmungsapparates ist und wir nicht in der Lage sind und auch niemals in der Lage sein werden, unsere Interpretationsgebundenheit abzustreifen, dann ist die Kunst die nur dem Menschen mögliche Antwort auf eine solche als elementar empfundene Unterlegenheit und Unfreiheit. Nichts Lebendes hätte überdauern können ohne die Fähigkeit, sich anzupassen. Das gilt auch für den Menschen. Auch der Mensch hatte, als er Mensch wurde, gar keine Wahl, als sich der Welt anzupassen. So ist die "Ideologie des Machbaren" entstanden, so hat der Mensch "die enormen Leistungen dieser naturwissenschaftlichen Halbkultur" zuwege gebracht, die unser Leben und unseren Planeten verändern, wie der Wiener Biologe Rupert Riedl schreibt. Aber der Mensch hat auch wohl von Anfang an gespürt, daß er sich nur einlassen und anpassen kann, wenn er sich auch wieder löst und distanziert. Dieser Lösungs- und Distanzierungsprozeß heißt Kunst. Die Kunst ist damit etwas spezifisch zum Menschen Gehörendes; weder ein Gott noch ein Tier lassen sich als Künstler denken.

Kunst ist also zunächst ein Lösungs- und Distanzierungsprozeß, Einsicht in die Notwendigkeit, die sich aufdrängenden Gewißheiten als Schein zu entlarven und aufzulösen. Den naturnotwendigen Anpassungszwängen stellt sie das Postulat der Freiheit entgegen.

Die moderne Erkenntnis, daß wir Interpreten sind und uns aus dieser Existenzweise auch gar nicht befreien können, steht am Anfang aller Kunst: Die Welt, die wir nicht haben, müssen wir selbst herstellen. "Nicht die Welt als Ding an sich, sondern die Welt als Vorstellung (als Irrtum) ist so bedeutungsreich, tief, wundervoll, Glück und Unglück im Schoße tragend", heißt es in Nietzsches "Menschliches, Allzumenschliches". Der lebensnotwendige Irrtum, den wir bewußt herstellen, heißt Kunst. "Wie entsteht die Kunst? Als Heilmittel der Erkenntniß. Das Leben nur möglich durch künstlerische Wahnbilder. Das empirische Dasein durch die Vorstellung bedingt. Für wen ist diese künstlerische Vorstellung nöthig? Wenn das Ureine den Schein braucht, so ist sein Wesen der Widerspruch. Der Schein, das Werden, die Lust." Kunst wird damit Gegenbegriff zu einer Erkenntnis, die mit unserem illusionsgesättigten Begriff von Welt unlösbar verhaftet ist. "Das Leben umgibt uns mit der gefährlichen Illusion einer Sicherheit, der wir etwas entgegensetzen müssen", schreibt Wilde in seinem Essay "The Critic as Artist". Ganz ähnlich äußert sich Friedrich Nietzsche: Wer als denkender Mensch den Boden, auf dem er steht, systematisch unterminiert – und das ist die notwendige Folge des Nachdenkens –, der muß, will er überleben, seine Wirklichkeit "künstlich erzwingen, zurechtfälschen, zurechtdichten ... und was haben Künstler je anderes getan? Und wozu wäre alle Kunst in der Welt da?" Die Kunst stellt jene Wirklichkeit bereit, in der wir als denkende Menschen überleben können. "Keine Poesie, keine Wirklichkeit", schreibt Schleiermacher im Athenäumsfragment 150.

Man könnte sich natürlich fragen, ob es nicht genüge, auf das Scheinhafte der uns umgebenden Welt hinzuweisen und den Beweis zu führen, daß der Mensch ein interpretierendes Wesen ist. So notwendig indessen die Demaskierung des Scheins, dem wir unterliegen, auch immer sein mag, so reicht es doch keineswegs aus, ihn lediglich nachzuweisen, um ihn zu überwinden. Wir brauchen sehr viel mehr als nur Philosophie. Ein Narr wäre, der da meinte, so Nietzsche, es genüge "auf diese Nebelhülle des Wahns hinzuweisen, um die als wesenhaft geltende Welt, die sogenannte 'Wirklichkeit', zu vernichten! Nur als Schaffende können wir vernichten!" Nicht die Information befreit uns vom Wahn, auch nicht die Negation, sondern die Produktion. "Wie unvergleichlich ist, gegen jedes Theoretisiren gehalten, jedes wirkliche Produziren!" schreibt Nietzsche am 24. Juli 1872 an Gustav Krug. Die Wahrheit, nach der wir unablässig suchen, kann nicht durch Spekulation, durch Nachdenken und Philosophieren gefunden werden, wir müssen sie herstellen.

Das Wesen der Kunst besteht folglich in der Abstraktion. Alle Kunst ist Abstraktionskunst. Aber diese Abstraktion ist nicht – wie immer wieder fälschlicherweise angenommen wird – auf die Wirklichkeit bezogen, denn dann wäre sie ja nur ein willkürliches und beliebiges Spiel, sie bezieht sich vielmehr auf die von uns unbewußt hergestellte Interpretation von Wirklichkeit, also auf eine Fiktion. Die großen Kunstwerke machen uns auf das Illusionäre unserer Wirklichkeitskonzeptionen aufmerksam. Leistung der Kunst ist es, uns offenbar angeborene Vorstellungsschablonen, deren wir uns nicht entledigen können, aufzulösen. Wir klammern uns beispielsweise an Gegensatzstrukturen. Der prinzipiell dialogische Charakter der Kunstwerke aber macht die gegenseitige Durchdringung des Gegensätzlichen möglich.

Die Alternative "abstrakt oder gegenständlich" ist eine Scheinalternative. Schon eines der ältesten Kunstwerke dieser Welt, nämlich das Bild eines Fisches, das wir auf einem im chinesischen Steinzeitdorf Banpo – nahe der Stadt Xi'an – gefundenen Tongefäß sehen, ist eine Abstraktion: Der Leib des Fisches ist ganz geometrisch aufgefaßt. Aufschlußreich ist, daß der Abstraktionsprozeß in weiteren Darstellungen fortgesetzt wird, bis schließlich ein völlig gegenstandsloses Muster entsteht, das aber nicht sinnentleert ist, sondern – im Gegenteil – sich durch die Abstraktion gerade mit Sinn auflädt und zum Sippensymbol wird.

Die verschiedenen Stilrichtungen, die in der Kunstgeschichte in einem sorgfältig gegliederten Sortiment angeboten werden – Expressionismus, Kubismus, kritischer Realismus, Informel, Surrealismus, neue Sachlichkeit, Strukturalismus, Konstruktivismus –

sind ausnahmslos Instrumentarien der Abstraktion, wobei sie durchaus, was Peter Brook zu vermuten scheint, als Etiketten benutzt werden, mit deren Hilfe Künstlern Platz und Rang in der Kunstgeschichte gesichert werden sollen. Bereits an dieser Stelle zeigt sich die Souveränität Straubingers. Er hat sich stets gegen die unreelle Verselbständigung von Methoden als kunstbestimmende Stilrichtungen zur Wehr gesetzt.

Die Bilder von Klaus Straubinger öffnen sich – wie jede große Malerei – dem unmittelbaren Zugang des Betrachters. Sie bedürfen keiner umständlichen Erläuterung. Gleichwohl erscheint es als notwendig, den Theorierahmen nachzuzeichnen, der sie mitbestimmt und mit dessen Hilfe sie den Betrachter noch mehr an sich ziehen. Von besonderer Bedeutung sind in diesem Zusammenhang die Argumente von Straubingers Münchener Lehrer Erich Glette und die von Glette außerordentlich geschätzten Beobachtungen und Thesen von Willi Baumeister, wie sie in dessen erstmalig 1947 erschienenen und später häufig wiederaufgelegten Buch "Das Unsichtbare in der Kunst" niedergelegt sind. Die Positionen von Glette und Baumeister haben in der Malerei von Klaus Straubinger ihren erkennbaren Niederschlag gefunden und müssen daher hier eingehender dargestellt werden.

Auch für Baumeister ist Kunst zunächst mit dem Problem unserer Erkenntnis verknüpft. Die Welt "sieht nicht aus", d. h. wir haben keinen unmittelbaren Zugang zur Realität, heißt es in seinem Buch, unsere Augen werfen vielmehr "ein Netzwerk ins Dunkle aus, das eine dem Menschen faßbare Welt durch den Menschen selbst entstehen läßt. Die objektive Substanz der Welt ist für den Menschen nicht faßbar". Der Kunst kommt folglich zunächst die Aufgabe zu, auf die Täuschung aufmerksam zu machen, die unser Bild von Realität prägt. Dieses Bild ist unser Produkt; es ist von der Beschaffenheit jenes Netzes abhängig, das wir auswerfen. Die Konstruktion der Welt ist jedoch nicht einfach nur menschliches Schicksal, sondern zugleich Aufgabe, und zwar deswegen, weil erst in der Kunst die Konstruktion der Welt in vollem Bewußtsein und im Bewußtsein der eigenen Bedingtheit möglich ist. So ist es keineswegs überraschend, wenn Oscar Wilde, den Willi Baumeister immer wieder zur Bestätigung seiner Thesen zitiert, in seinem berühmten Essay "The Decay of Lying" zu dem Ergebnis kommt, daß nicht die Kunst die Natur nachahmt, sondern umgekehrt die Natur als die Nachahmerin der Kunst anzusehen sei. Anders ausgedrückt: Wir erleben Realität immer nur vermittelt durch Kunst, durch das also, was wir konstruiert oder im Umgang mit Kunst rekonstruiert haben. Hier wie an zahlreichen anderen Stellen ist die Nähe Oscar Wildes zu Friedrich Nietzsche unübersehbar. Nietzsche hatte argumentiert: "Ist es nicht die Natur, welche die Kunst nachahmt? Stottert sie nicht mit der Unruhe ihres Werdens etwas nach, in unzureichender Sprache, was der Künstler rein ausspricht?"

Diesen Gedanken greift Baumeister auf. Was Menschen sehen, sehen sie "durch die Augen der vorausgegangenen Malerei. Die Malerei verwaltet alles Sichtbare und lenkt es fortdauernd. Der Meister allein gibt das Vorbild für alle anderen, wie die Natur zu sehen sei. Das Bild, die Kunst, ermöglicht es dem Menschen, zu einer Anschaulichkeit und Anschauung überhaupt vorzudringen".

Die Konsequenzen aus diesem Ansatz sind leicht zu erkennen. Der Betrachter eines Bildes muß dem Maler dieses Bildes gleichsam auf den Fersen folgen. Im künstlerischen Malprozeß werden Formen aus ihrem Funktionszusammenhang bewußt herausgelöst. Diese Abstraktion macht es möglich, daß wir dem durch den Malvorgang entstehenden Gebilde einen Sinngehalt verleihen, den wir den üblichen Wahrnehmungsbildern nicht zu geben in der Lage sind. Etwas Vertrautes, das wir nicht mehr wahrgenommen hatten, wird zu etwas Fremdem; es steht buchstäblich in einem neuen Rahmen. Der Betrachter muß angesichts dieser Relation ganz notwendig produktiv werden – dies ist zugleich eines der wichtigsten Kriterien der Kunst. Insofern ist die Aussage von Klaus Straubinger, die er immer wieder in Interviews und Gesprächen gemacht hat, ebenso zutreffend wie lapidar, daß er die Interpretation seiner Bilder grundsätzlich dem Betrachter überlasse. Diese Interpretation kann dem Betrachter auch niemand abnehmen, denn der notwendige Akt der Sinngebung ist nicht stellvertretend möglich. Der wahre Liebhaber der Kunst, schreibt Goethe, spüre, "daß er sich zum Künstler erheben müsse, um das Werk zu genießen, er fühlt, daß er sich aus seinem zerstreuten Leben sammeln, mit dem Kunstwerk wohnen, es wiederholt anschauen und sich selbst dadurch eine höhere Existenz geben müsse". Davon aber habe der gemeine Liebhaber keinen Begriff: "Er behandelt ein Kunstwerk wie einen Gegenstand, den er auf dem Markte antrifft." Schon das Betrachten eines Bildes erfordert nach Goethe künstlerische Aktivität, "denn der Betrachter soll es mit dem gleichen freien Geist betrachten, mit dem es auch geschaffen wurde". Er soll sich sein eigenes Bild machen. "Die Kunst ist eine Vermittlerin des Unaussprechlichen", dessen also, was sich von der Welt der Erscheinungen, an die wir gefesselt sind, distanziert. Darum, fährt Goethe fort, "scheint es eine Torheit, sie wieder durch Worte vermitteln zu wollen".

Diese Position wird zum Credo von Willi Baumeister. Der falsche Ansatz sei es, so Baumeister, in ein Kunstwerk eindringen zu wollen, d. h. den Versuch zu unternehmen, es zu entschlüsseln. Der Betrachter solle statt dessen versuchen, sich so einzustellen, als seien aus ihm selbst die Formen und Farben gekommen, als habe er selbst das Bild gemalt, die Skulptur geformt. Eine solche Haltung sei schon deswegen notwendig, weil der Betrachter sonst zu leicht an der Oberfläche fixiert bleibe. Im Konzert von Gegenständen, Farben und Formen sei dasjenige, was am ehesten auffalle und was sich auch am leichtesten beschreiben lasse, nämlich die Gegenstandsebene, zugleich das Unwichtigste. Die Elemente der Formen und der Farben aber entzögen sich der Sprache weitgehend. Daraus folgt: Alle Beschreibung der Malerei in Worten kann nur die Funktion haben, die Selbständigkeit, die Aktivität und Kreativität des Betrachters zu unterstützen. Man kann und darf ihm nicht vorschreiben, wie er die Bilder sehen soll. Zugleich gilt: Der Umgang mit Kunst ist eine der Bedingungen für menschliche Kreativität.

Der Gedanke der unbedingten Freiheit des Betrachters bedarf einer Ergänzung. Gewiß haben viele Künstler darauf hingewiesen, daß der Betrachter selbst zum Künstler werden muß, daß der Unterschied zwischen dem Betrachter eines Bildes und seinem Maler nur graduell und nicht prinzipiell sein dürfe. Bedenkenswert ist auch die Bemerkung Oscar Wildes: "Alle Interpretationen eines Werks sind richtig, aber keine ist endgültig." Doch der hier angesprochene Verzicht auf die Endgültigkeit der Interpretation richtet keineswegs lediglich einen Appell an uns, das Gespräch über Kunstwerke offen zu halten, sondern macht eine Aussage über die Werke, die von erheblicher Bedeutung ist: Jede sprachliche Formulierung, jede Interpretation bietet Ergebnisse an, verfügt also über die Werke der Kunst; ihre dialogische Struktur aber pocht rigoros auf ihre Unverfügbarkeit. Dem Satz Oscar Wildes eine anarchische Interpretationslizenz nachzusagen, wie dies so häufig geschieht, offenbart nichts als den oberlehrerhaften Willen zur Macht über die Kunstwerke. In seinem Satz zur Interpretation zeigt Oscar Wilde vielmehr den inneren Widerspruch auf, der im Begriff der Interpretation selbst liegt: Die notwendige Auseinandersetzung mit dem Kunstwerk kann sich nur sprachlich vollziehen;

zugleich aber entzieht sich jedes Kunstwerk der sprachlichen Fixierung, und zwar um so mehr, je mehr es sich der Musik nähert. Die Sprache ist der Kunst nicht gewachsen, auch nicht jener Kunst, die sich sprachlicher Mittel bedient, der Literatur. Interpretation von Kunst ähnelt der Arbeit des Sisyphos, der den Felsbrocken dem Gipfel des Berges entgegenwälzt: Er wird ewig den Berg wieder hinunterrollen.

Die herkömmliche Unterscheidung zwischen abstrakt und gegenständlich ist aufzugeben. In der Malerei existiert das sogenannte Gegenständliche nur als das Abstrakte. Selbst "der Naturmaler muß bei der Umsetzung von Naturerscheinungsformen in die Kunstform ein 'Tal der Abstraktion' passieren. Dieses Formstadium bleibt in den Werken von Rang spürbar", schreibt Baumeister. Keineswegs leicht sei es, "ein gegenständliches Bild ungegenständlich zu sehen, d. h. nur dessen Farben und Formen zu erfassen". Darauf aber käme es bei der Bildbetrachtung entscheidend an. Kein Bild von Rang ist Abbild. Erinnert sei in diesem Zusammenhang an die kühne, aber keineswegs abwegige Forderung des englischen Kritikers Walter Pater, beim Anblick von Kirchenfenstern etwa vom religiösen Bildgegenstand zu abstrahieren und die Farben und Formen und das Spiel des Lichtes wirken zu lassen. Genau an dieser Stelle liegt die enorme Herausforderung, die sich der Malerei prinzipiell stellt, denn unverkennbar gibt es Gegenstände, die gebieterisch ihr Existenzrecht gegen die Kunst verteidigen, wie religiöse Inhalte, Porträts, Stilleben und nicht zuletzt Akte.

Unter den zahlreichen Abstraktionsmethoden wird vor allem eine von Willi Baumeister diskutiert und zugleich schroff abgelehnt, nämlich die Praxis, Bilder auf den Kopf zu stellen: "Um leichter zu einem rein optischen Empfang eines teilgegenständlichen oder gegenständlichen Bildes zu gelangen", sei empfohlen worden, das Bild auf den Kopf zu stellen, um eine Aufhebung des Gegenständlichen zu erreichen. Das jedoch sei, so Baumeister, nur bedingt vertretbar: "Denn das Leichte und das Schwere, das der Maler verteilt, bedingen ein festgelegtes Oben und Unten, ebenso Rechts und Links. Viele formale Werte und die gesamte kompositorische Fügung geraten durch eine Umkehrung eindrucksmäßig falsch."

Gewiß werden durch die Drehung von Bildern die Bildgegenstände in ihrer Bedeutung reduziert, so daß die Formen und Farben stärker hervortreten können. Aber dieses Verfahren bleibt doch letzten Endes eine Marotte. Kandinsky erzählt die hübsche Geschichte einer solchen – allerdings zufälligen – Drehung, um zu demonstrieren, wie notwendig es sei, "den Gegenstand auch im Bilde zu übersehen": Er sei gerade heimgekommen, als er "plötzlich ein unbeschreiblich schönes, von einem inneren Glühen durchtränktes Bild sah. Ich stutzte erst, dann ging ich schnell auf dieses rätselhafte Bild zu, auf dem ich nichts als Formen und Farben sah und das inhaltlich unverständlich war. Ich fand sofort den Schlüssel zu dem Rätsel: Es war ein von mir gemaltes Bild, das an die Wand angelehnt auf der Seite stand. Ich wußte jetzt genau, daß der Gegenstand meinen Bildern schadet". Dies ist ein Ergebnis, zu dem ein Maler kommen kann. Festzuhalten bleibt indessen: Die Abstraktion ist eine Leistung des Malers, sie ergibt sich nicht aus einer absichtsvollen oder zufälligen Dreh- oder Aufhängetechnik.

Abstraktion ist der Kunst wesentlich. Zugleich bleibt sie eine permanente Bewegung, die erst dann zur Ruhe kommt, wenn jenes Resultat erreicht ist, zu dem Kandinsky – und keineswegs nur er – gelangte, nämlich die völlige Verbannung der Gegenstände aus dem Bild: "Der Gegenstand schadet meinen Bildern."

Hart neben einer solchen Ansicht aber steht eine andere, die ebenfalls Kandinsky formuliert hat und die jenes Problem genau kennzeichnet, das viele Betrachter abstrakter oder gegenstandsloser Bilder bewegt: In der gegenstandslosen Welt lauere immer die Gefahr, nicht das "kosmische Gesetz, sondern irgendein Schlips- oder Teppichmuster wiederzufinden".

Weil diese Gefahr nicht von der Hand zu weisen ist, weil ernsthafte Kunst und Scharlatanerie hier dicht beieinander liegen und die Unterscheidung außerordentlich erschweren, können an dieser Stelle nur die Argumente repetiert und die malerische Entscheidung von Klaus Straubinger dargestellt werden. Sein Lehrer Erich Glette konnte der gegenstandslosen Malerei nichts abgewinnen. Er verdächtigte die Abstrakten und die Avantgardisten, wie er sie nannte, "mit Hilfe einer schlechthin unkontrollierbaren künstlerischen Demonstration" die Macht an sich reißen und den Geist kontrollieren zu wollen. Niemand könne "hier sagen, was langweilig, was bedeutend, was kitschig, leer oder inhaltsreich ist; es ist mehr oder weniger prätentiös oder bunt oder geschmackvoll oder unangenehm, dieses besonders". Der einzig echte unter den Abstrakten sei Klee gewesen. Die gegenstandslosen sogenannten abstrakten Formen seien inzwischen zu Fertigprodukten geworden, die sich bei allen Malern wiederholten.

Ähnlich schroffen Verurteilungen des Abstrakten begegnen wir auf Schritt und Tritt. Bekannt geworden ist die Äußerung von Daniel H. Kahnweiler – sie wird immer wieder gegen die abstrakten Maler zitiert: "Da diese Pseudomaler mit ihren Farbarrangements stets doch, ob sie es wollen oder nicht, auf die Gefälligkeit abzielen, so ist dieser Wandschmuck gewöhnlich angenehm. Die nicht-darstellende Malerei unserer Zeit ist in Wahrheit Kunstgewerbe, nichts anderes. Hier sei nun gesagt, daß gerade wie damals die Salonkunst vom Staat gefördert wird. Und heute, so sonderbar es auch scheint, fördert der Staat fast überall Abstraktion und ihre Folgeerscheinungen. Diese Kunst ist ja auch nicht staatsgefährlich, ganz und gar nicht."

Auch der von Klaus Straubinger außerordentlich geschätzte Maler und Bildhauer Alfred Hrdlicka erklärte kürzlich in einem Gespräch, daß er nie verstanden habe, warum man abstrakte Kunstwerke schaffe oder gar solche, "die man bloß per Definition in den Rang eines Kunstwerks erhebt. Ich verstehe, wie diese Künstler leben, und ich verstehe sogar die Sammler, die sich so etwas Dekoratives an die Wand hängen. Nur, daß ein Mensch, ein Künstler, seine Kreativität dazu einsetzt, in der Frühe aufzustehen und ein Quadrat malt wie der junge Josef Albers, und den nächsten Tag tut er es wieder, und am übernächsten Tage nochmal – da kann ich nur fragen: Warum macht er das, wie hält der das durch? Und dann muß er doch irgendwas anderes auch tun. Wenn Sie heute abend ins Burgtheater gehen, werden sie kaum Quadrate sehen. Sie werden Menschen sehen, und damit hat sich's auch. Eine Kunst ohne Menschen ist für mich schwachsinnig. Unsinnig und langweilig. Ich arbeite nicht auf meine Weise, weil ich ein Glaubenskrieger bin, sondern weil mich abstrakte oder bloß definierte Kunst überhaupt nicht interessiert. Ich wiederhole: Ich finde abstrakte Kunst schwachsinnig. Mehr kann ich dazu nicht sagen".

Gegen die schroffe Ablehnung der abstrakten Kunst durch Daniel H. Kahnweiler und Alfred Hrdlicka läßt sich einwenden, daß die Aussagekraft der abstrakten Bilder eindeutiger als in anderen Werken in ihnen selbst liegt, also nicht irgendwoher entliehen zu werden braucht. "Ungegenständliche Kompositionen", so Baumeister, "sind in gewissem Sinne Parallelen zu Fugen von Bach oder Konzerten von Mozart, zu aller reinen Musik überhaupt. In ihnen werden die menschlichen Gefühle nicht vorgeschrieben und festgelegt, denen man wie beim inhaltsbeschwerten Lied sich ausliefern soll. Die Gefühle und

Empfindungen werden bei der Formkunst (in Musik und Malerei) vom Hörer oder Beschauer selbständig entwickelt."

Die abstrakten Bilder formulieren eine eindeutige Absage an alle Vollkommenheitsideologie. Auf der einen Seite scheinen die geometrischen Gebilde die Idee der Vollkommenheit am reinsten zu verkörpern, denn naturgemäß lassen sich weder Kreis noch Quadrat verbessern; auf der anderen Seite liegt in der Möglichkeit, sie zu vervielfältigen und unendlich zu variieren, die häufig unterdrückte Aussage, daß es keine vollkommene Kunst geben kann und geben darf, daß Kunst Durchgang ist, daß jedes Werk nach dem nächsten Werk verlangt. Eine Gipfelkunst kann es nicht geben. Kein Werk ist unübersteigbar und damit das Ende der Kunstentwicklung.

An dieser Stelle wäre daran zu erinnern, daß schon einige hundert Jahre vor Christus von dem chinesischen Philosophen Lao Zi dieser Protest gegen die augenscheinliche Vollkommenheit der geometrischen Gebilde formuliert wurde: "Das quadratischste Quadrat hat keine Ecken". Lao Zi steigert also das nicht Steigerbare, er findet sich nicht ab mit dem Stillstand des scheinbar Vollkommenen; und er raubt ihm dadurch seine Insignien, oder anders ausgedrückt: Er enthüllt, daß alle Vollkommenheit im Grunde oberflächlich ist. Das scheinbar Feste und Unverrückbare ist nicht Herr, sondern Material, mit dem unendlich gespielt werden kann.

Geschichtlich gesehen geht der Abstraktionsprozeß Hand in Hand mit einer Bedeutungsanreicherung des Bildes. Man kann diesen Prozeß bereits in der chinesischen Antike verfolgen: Die häufigsten geometrischen Figuren sind aus Tiermustern hervorgegangen, die scheinbar "rein" formalen geometrischen Linien enthielten komplexe Ideen und Vorstellungen. Die Totemdarstellungen der magischen Rituale wurden allmählich zu rein geometrischen Mustern – also Symbolen – vereinfacht und abstrahiert. Die ursprüngliche totemistische Bedeutung ging dabei keineswegs verloren, sondern wurde sogar noch verstärkt (vgl. hierzu: Li Zehou, Der Weg des Schönen). Das chinesische Yin-Yang-Symbol ist ein abstrakt gewordenes Bild, und gerade durch seine Loslösung von jeder konkreten Anschauung verkörpert es eine komplexe Weltsicht. Jede Abstraktion ist ambivalent; sie kann zum Krawattenmuster degenerieren, sie kann aber auch eine ganze Weltanschauung in sich aufnehmen. Von hier aus gesehen ist es gewiß nicht zufällig, daß sich die Elemente in den großen abstrakten Bildern von Klaus Straubinger immer wieder zur Kreuzesgestalt gruppieren. Abstraktion ist immer Vereinfachung, das Hervortreten von Form und Farbe. Aber Klaus Straubinger läßt seine Bilder gleichwohl niemals zu einer persönlichen Ikonographie gerinnen, die sich, da nur ihr Urheber über die Bedeutungsfülle gebietet, hochmütig den Blicken der Zuschauer verweigert. Sie kristallisieren sich statt dessen zum zentralen Symbol des Christentums (vgl. Abb. 30). Gelegentlich tragen sie auch den Titel "Gemalte Skulptur", überantworten also damit den Prozeß der Abstraktion dem Bildhauer, dessen Figuren in das Malerische verwandelt werden (vgl. Abb. 31).

In einer aufschlußreichen fünfteiligen Bildsequenz (vgl. Abb. 24–28) hat Straubinger den Prozeß der Abstraktion sinnfällig gemacht. Am Beginn der Sequenz wird ein weiblicher Akt eher flüchtig dargestellt, der in den folgenden Bildern immer mehr verschwindet, d. h. eigentlich ist bereits in Bild Nr. 3 die ursprüngliche Form nicht mehr erkennbar. Farbe und Form dominieren, bis schließlich am Ende der Sequenz ein völlig abstraktes Bild von eigenartiger Schönheit übrig bleibt. Kein Maler vor Straubinger hat je in dieser Weise den Malvorgang malerisch geschildert und mit der Aussage gekoppelt, daß auch die

Vollendung des Bildes in der Abstraktion noch die Erinnerung an die einfache konkrete Sinnlichkeit lebendig hält.

Ähnlich verhält es sich mit den Blumenstilleben. Zwar finden wir hier nicht die strenge Sequenz, die sich mit der Konzeption des Malens selbst auseinandersetzt, wohl aber einen wechselseitigen Kommentar: Blumen, das sind immer nur Farben – Farben immer auch Blumen. Durch ihre Sequenz geraten die Bilder selbst in Bewegung.

In jüngster Zeit verbinden sich bei Straubinger Kreis und Quadrat mit Landschaftsstrukturen zu stimmungsreichen, eindrucksstarken Bildern. In den Bildern Abb. 137, 138, die nicht von ungefähr auch für den Umschlag dieses Bandes gewählt wurden, ruhen Kreise – man würde gern von Kugeln sprechen – auf dem unteren Rand aufrecht stehender Rechtecke, die das jeweilige Gesamtbild ausmachen. Die Kreisgebilde enthalten Landschaftsbilder, in denen, so bei dem rechten Bild, architektonische Strukturen – also Relikte menschlicher Arbeit – sichtbar werden. Die Versuchung, von Kugeln zu sprechen, ergibt sich aus der Tatsache, daß die Gebilde an jene Souvenirs erinnern, die man schütteln muß, damit sich irgendetwas bewegt, weiße Partikel zumeist, die sich als Suggestion von Schnee überall ablagern. Die beiden Kugeln berühren einander, so, als böten sie die zwei zusammengehörenden Ansichten einer Welt, der Vorder- und der Rückseite. Die Kugelgestalt evoziert den Gedanken der Endgültigkeit: Hier ist nicht eine Landschaft neben vielen möglichen Landschaften zu sehen. Das Hermetische steht in einem unauflösbaren Spannungsverhältnis zu dem prinzipiell Offenen. Zusammengehalten werden die beiden Bilder dann noch durch ein querstehendes Rechteck, das sich über beide Bilder erstreckt und vom oberen Rand ebenso Abstand hält wie von den beiden äußeren Bildbegrenzungen. Dieses Rechteck reflektiert die Farbe der beiden oberen Kugelhälften. Die beiden Vertikallinien des Rechtecks sind nicht gleich lang, die aufeinanderstoßenden Linien bilden also keine rechten Winkel. Es sieht so aus, als sei eine farbige Folie – sehr dünnes Material – über die Bilder der beiden Welthälften geklebt, um zusammenzuhalten, was sonst auseinanderfiele. Die Farben suggerieren ein Lodern, Signale von Dimensionen einer anderen Welt, die sich jeder Beschreibung entzieht. Vielleicht könnte man hier von einer musikalischen Komposition sprechen.

Übersehen wird häufig, daß die Farben der Bilder nicht die Spiegelung der Farben natürlicher Gegenstände sind, sondern eine Qualität erreichen, die unmittelbar den Geist anspricht wie eine geometrische Figur. Die Farbe im Gemälde ist Abstraktion; das wissen wir nicht erst seit dem Blauen Reiter. Das Hervortreten der reinen Farbe im Bild, unbegleitet durch irgendwelche "tiefen Bedeutungen" und auch ohne gebändigt zu sein durch eine bestimmte Form, das Hervortreten der Linien in einem Bild wirken auf den menschlichen Geist unmittelbar. "In the mere loveliness of the materials employed there are latent elements of culture", schreibt Oscar Wilde: In der Schönheit der verwendeten Materialien liegen die Elemente der Kultur verborgen. Die Malerei enthält, schrieb Samuel Beckett, "in ihrer kleinsten Parzelle mehr wahre Humanität, als in den Werken jener zu finden sind, die davon schreiben".

Ähnlich wie Oscar Wilde und seine Lehrmeister Matthew Arnold und Walter Pater betrachteten auch die Lehrmeister von Klaus Straubinger die Bedeutung der Farbe. Baumeister sprach von den elementaren Kräften, die in den Formen und Farben enthalten sind. "Diese Urkräfte", so Baumeister, "gehören nur dem Sehbaren an und können nicht in beschreibende Begriffe gefaßt werden." Immer wieder wies er auf den Eigenwert der Farbe hin, die ja auch u. a. durch die Farbentherapie beglaubigt werde. Farben "wirken nicht nur auf die Psyche, sondern sogar auf das physische Befinden". Eine charaktervolle Farbstudie von Klaus Straubinger ist in Abb. 94–97 wiedergegeben.

"Ehe noch der Plan, die Bildidee, gut sein kann", griff Erich Glette den Gedanken Baumeisters auf, "ist die Farbe gut, die ich in der Tube habe. Sie sagt 'rot' und 'blau' und 'gelb', und so weiter und lebt ihr eigenes Leben. Zum Beispiel rot und gelb gehen auf dich zu, sie strahlen aus; blau zieht sich zurück, ist schweigsam, grau verhält sich in großer Ruhe. Diese Kräfte wirken schon an sich ohne Form, man kann noch nicht wissen, welche gegenständliche Bedeutung sich mit dieser Farbseele vermählen mag." Malerei, so ließe sich dies zusammenfassen, ist vor allem, zuerst und zuletzt Farbe. Dies ist das Grundgesetz, aus denen die Gemälde von Klaus Straubinger leben. Straubinger geht immer von der Farbe aus, er skizziert nie mit einem Stift; selbst die Arbeit an den Porträts beginnt mit dem Setzen von Farben.

Der Abstraktionsvorgang ist der Rückzug aus der Sphäre von Bedeutung und Tendenz, die stets am Gegenständlichen haften. In der geläufigen Frage nach der Bedeutung eines Bildes verbirgt sich die Überzeugung, daß ein Bild einen Sinn vermitteln oder einer Intention gehorchen könne. Was sich der Vermittlung von Sinn verweigert, gerät in Gefahr, selbst als sinnlos eingestuft zu werden. Der Versuch, die Kunstwerke für irgendwelche Zwecke zu engagieren, ist identisch mit dem Versuch, den Abstraktionsprozeß rückgängig zu machen. Das geflügelte Wort "l'art pour l'art" formuliert – in übrigens nicht besonders glücklicher Weise – den Protest gegen solche Angriffe auf die Kunst.

Mit dem Abstraktionsprozeß engstens verbunden ist der Begriff der Schönheit. Er wird von jenen, die immer genau sagen können, was in der Kunst sein darf und was nicht, vielfach als kunstfremd diffamiert. Wer sich wie Klaus Straubinger heute zur Schönheit bekennt, braucht zu einem solchen Bekenntnis fast schon ein wenig Mut. Erinnert sei in diesem Zusammenhang an Claus Peymann, den Direktor des Burgtheaters in Wien, der ganz bewußt vom Prinzip Schönheit in der Kunst spricht. Für Peymann ist Schönheit kein Begriff, den er unter der Rubrik "Kalenderspruch" abzulegen bereit ist. Die Inschrift über manchem Theater, 'Dem Wahren, Guten, Schönen' möchte er ernst nehmen: "Das Wahre – also die Wahrheit – ist vielerorts verboten und wird heimlich weitergegeben. Andererseits ist gerade der Begriff des 'Schönen' wie kein anderer ein Ärgernis, eine Provokation in einer durch und durch unschönen Welt." Claus Peymann und Klaus Straubinger haben recht; der Begriff des Schönen ist für jede Kunst konstitutiv. Dieser Begriff darf nicht mit dem landläufigen Begriff des Schönen verwechselt werden, den wir auf der Straße finden und dessen Gegensatz banal das Häßliche ist. Die Schönheit der Kunst ist zunächst Kritik der Eindeutigkeit. Im Kunstwerk wird alles, was als eindeutig und definitiv auftritt, als Lug und Täuschung entlarvt. Schönheit ist darüber hinaus Kritik des Nützlichen. "Das Schöne ist dasjenige, dem das Nützlichsein erlassen ist", so August Wilhelm Schlegel.

Ein diskussionswürdiges Bild aber ist jenseits der herkömmlichen Nützlichkeits- und Bedeutungswelt angesiedelt. Malen ist daher auch Emanzipation von der sinnstiftenden Sprache. Aus eben diesem Grunde sind viele Dichter und Schriftsteller zugleich Maler. Das Malen ist für sie eine Flucht aus einer Welt, die der künstlerischen Abstraktion viel zu wenig Raum gewährt, die den Künstler immer wieder verpflichtet, sich in Dinge einzumischen, die ihn prinzipiell gar nichts angehen. Man greife nur nach Belieben jene Argumente heraus, mit deren Hilfe bei der Vergabe von Preisen an Dichter die Verdienste der Preisgekrönten ins rechte Licht gerückt werden sollen. So heißt es beispielsweise in der Begründung für die Verleihung des Nelly-Sachs-Preises an Michael Ondaatje, sein Werk behandele "die Möglichkeit der Verständigung zwischen den Völkern" und vergesse dabei nicht deren Schwierigkeiten. Abgesehen von der Gefahr, daß die Literaten unter dem Eindruck solchen Preisens eine immer edlere Gesinnung an den Tag legen: Stellungnahmen jeglicher Art sind der Tod der Kunst. Angesichts der Landschaften in den Kugelgestalten der beiden Bilder Straubingers, die auf den Umschlagseiten wiedergegeben sind, würde sich der lobende Satz aus der Preisverleihungsurkunde des Nelly-Sachs-Preises als das enthüllen, was er im Kern ist: Eine nichtssagende Phrase. Um dieser phrasendurchzogenen Kommunikationswelt zu entgehen, malen die Dichter.

Bei den malenden Dichtern handelt es sich keineswegs um Einzelfälle. Als der Kunstverein St. Gallen im Jahr 1957 eine Ausstellung mit dem Titel "Malende Dichter – Dichtende Maler" veranstaltete, stellte sich sehr schnell heraus, daß diese Ausstellung keineswegs etwas Exotisches präsentierte, sondern lediglich auf eine Art Normalfall aufmerksam machte, der in den Betrachtungen der Literaturwissenschaftler und Kunsthistoriker kaum jemals ernsthaft zur Kenntnis genommen wurde. In dieser Ausstellung wurden einhundertsiebenundvierzig malende Dichter oder dichtende Maler vorgestellt. In seinem im Ausstellungskatalog abgedruckten Geleitwort wies der Autor Ernst Naegeli darauf hin, daß die Ausstellung der 147 Dichter und Maler weit davon entfernt war, vollständig zu sein. Mit Leichtigkeit hätte sich die Zahl "auf weit über das Doppelte hinaus erweitern" lassen. Dabei fiel allerdings auf, daß zwar viele Dichter malen, aber nur sehr wenige Maler auch Texte verfassen, philosophische Texte, Gedichte und Dramen.

Von Goethe wissen wir, daß er über 2000 Bilder – in verschiedenen Techniken – und Skizzen malte bzw. zeichnete. Seine Liebe zur Malerei war so ausgeprägt, daß er zumindest einmal in seinem Leben ernsthaft überlegte, ob er nicht zum Maler berufen sei. Goethe hat diese Episode im 13. Buch von "Dichtung und Wahrheit" dokumentiert. Bekannt ist, daß Gottfried Keller auf seinen Auslandspaß als Beruf "Maler" eintragen ließ, daß Gerhart Hauptmann seine Karriere als Bildhauer begann und später auch beachtenswerte Bilder schuf, daß Stifter großartige Landschaften gemalt hat, die nach Ansicht kompetenter Kritiker jünger geblieben sind als seine Romane. Wilhelm Busch, Kurt Schwitters, Jean/Hans Arp, Ringelnatz, Christoph Meckel und Günter Grass sind in der Malerei wie in der Poesie in gleicher Weise zu Hause, so daß sich die Frage, ob sie dichtende Maler oder malende Dichter seien, kaum noch stellen läßt. Einleuchtend mag in diesem Zusammenhang auch sein, daß Günter Grass die beliebte Publikumsfrage "Sind Sie nun zu allererst Schriftsteller oder Grafiker?" zwar verständlich, aber eben auch lächerlich findet.

Dichter, die malen, offenbaren eine tiefe Skepsis gegenüber dem Wort. Diese Sprachskepsis hat eine lange Tradition. Sie findet sich bei Thomas Hobbes ("Die Wahrheit liegt nicht in den Dingen, sie wird vielmehr durch die Sprache produziert") und bei Ludwig Wittgenstein, der die Philosophie als den unablässigen Kampf gegen "die Verhexung unseres Verstandes durch die Mittel unserer Sprache" betrachtet. "Die Verführer der Philosophen sind die Worte", notierte sich Friedrich Nietzsche, "sie zappeln in den Netzen der Sprache." Seit dem 19. Jahrhundert erfaßt diese Sprachskepsis auch die Dichter. "Sei die Dichtkunst noch so gepriesen", schreibt Franz Grillparzer, "sie spricht doch nur der Menschen Sprache."

Malen ist die Absage an die Bedeutung, die an den Worten haftet. Für Günter Kunert ist das Zeichnen eine "lustvolle Abwesenheit von der Welt". Dem Zeichner gelingt, was dem, der Worte benutzen und Sätze formulieren muß, nur selten gelingt, nämlich, von seinen Vorlieben abzusehen, aber auch von dem, was er verachtet, auf die Artikulation seiner Meinungen zu verzichten und auf Appelle an die Leser oder Zuhörer.

Hermann Hesse empfand das Malen als ursprüngliche Kreativität, die sich schon im Kindesalter entfalten könne. Durch das Malen gelinge es ihm, sich von einer Welt zu distanzieren, die ihm als unerträglich erscheint. Beim Malen, "da fängt das Reich Gottes an und das 'Alles ist Euer' ". Die Malerei befreie ihn "von der verfluchten Willenswelt".

Bei vielen modernen Literaten gehört die Warnung vor der Sprache zu ihren großen Anliegen. Wolfgang Hildesheimer beispielsweise bekennt: "In den Ateliers der Maler fühle ich mich zu Hause, in meinem eigenen bin ich glücklich, d. h. ich vergesse, daß ich arbeite, ich bin 'bei der Sache' und nicht bei der Verarbeitung eines Themas. Zeichnen und Malen enthalten für mich ein beschäftigungstherapeutisches Element. Ich überwinde dabei Müdigkeit, ennui und Depression, die Gedanken sind niemals beim fertigen Werk, sondern bei der Tätigkeit ... das Machen ist mir das wesentliche." Bei der Produktion von Collagen bleiben "Zeit und reale Welt ausgeschaltet". Beim Schreiben wird doch immer ein Zweck verfolgt. Beim Malen ist weniger das Produkt als vielmehr der Produktionsvorgang das Wesentliche. Das Malen gehorcht einem inneren Gesetz, das Schreiben, so lautet der Vorwurf, gehorcht dem Gesetz der äußeren Welt.

Den Malern und den Musikern gelingt es noch am leichtesten, sich von den Zwängen der äußeren Welt zu befreien. Immer wieder hat man ja die Künstler dazu verpflichten wollen, das wirkliche Leben einzufangen, also die Arbeitswelt zu zeigen. In der Literatur ist diese Forderung durchaus auf fruchtbaren Boden gefallen. Eine Literatur, die sich allen Aufforderungen, irgendwelche Tendenzen zu verfolgen, standhaft widersetzt, wird häufig als selbstzweckhaft und damit als nicht in unsere Welt passend eingestuft. Von der Kunst wird gesellschaftliche Relevanz verlangt und dabei übersehen, daß eine solche Forderung immer zuerst von den autoritären Machthabern erhoben wurde.

Was im Literarischen noch als halbwegs diskussionswürdig wirkt, erscheint in der bildenden Kunst als abgrundtief lächerlich. "Die Bilder, die aus dem sozialistischen Reich kommen", schreibt Klaus Fußmann, "waren künstlerisch nicht akzeptabel, und auf der anderen Seite war der späte Leger mit seinen Monteuren im Gerüst schon viel zu abstrakt. Wir kennen kein gutes Arbeiterbild." Fußmann geht der Frage, woran das liegen könne, nach am Beispiel eines Bildes von Degas, das den Titel "Die Büglerinnen" trägt. Nirgendwo sei die Mühsal der Bügelei mit den schweren Eisen realistischer und eindringlicher dargestellt worden, und dennoch sei dieses Bild "niemals im Kontext mit den Arbeitersujets diskutiert worden". Die Erklärung: Die Arbeit, die als Fron gemalt wird, ist im Bild schön. Man verlangt von der Malerei Weltanschauung, Stellungnahme, soziale Anklage, aber das alles kann sie nicht geben. Der Zug ins Propagandistische fällt in der Malerei sofort auf, es wirkt lächerlich, abstoßend. Die Dichtung könne hier Kompromisse eingehen. Das Beispiel Degas zeigt, so Fußmann: "Die Arbeit kostet Schweiß, aber die Malerei ist ein Fest."

Nun wird durch den für die Kunst notwendigen Abstraktionsprozeß zwar die Trennung von der Gegenstandswelt ein für allemal vollzogen, bedeutet Abstraktion den Rückzug aus der Sphäre von Bedeutung und Tendenz und die Präferenz von Form und Farbe, aber dieser Weg ist keine Einbahnstraße, er muß auch zurückführen. Erich Glette hat dieses Gesetz der großen Malerei sehr genau erkannt, deshalb ist es bei seiner schroffen Ablehnung des "Abstrakten und Avantgardistischen" auch nicht geblieben. "Jeder Farbfleck", so Glette, "ist ein Körper, auch wenn ich keine plausible Erklärung dafür gebe.

Die reinsten Formen sind die geometrischen, und sie lassen sich am leichtesten und natürlichsten gegenständlich ausdeuten, wie es die gotischen Meister getan haben: eine ganze Welt von Gottvater bis zum kleinsten Steinchen auf dem Weg entsteht aus einem geometrischen Aggregat und seinen Unterteilungen." Mit Hilfe der Sinnlichkeit kehre der Geist von seinem abstrakten Flug langsam und voller Geduld zu dem Gegenständlichen unserer Welt zurück. "Und auf diesem weiten Weg von der abstrakten Idee zum Dinglichen und Menschlichen vollzieht sich die Vergeistigung, wie wir es bei den gotischen Meistern in so hoher Vollendung bei Rogier van der Weyden oder Dierik Bouts und anderen sehen."

Das erinnert an Goethe. Nur spricht Goethe im Zusammenhang der Rückkehr von der Abstraktion nicht von Vergeistigung. "Der menschliche Geist will sich erheben", schrieb Goethe, "er will das Bedingte seiner Existenz verlassen zum Unbedingten hin. Die Kunst ermöglicht ihm die Rückkehr zum Begrenzten und Bedingten. Das Ideale erhob ihn über sich selbst; nun aber möchte er in sich selbst wieder zurückkehren." Von seiner früheren Beschränktheit, aus der er sich durch die Abstraktion löste, bleibt er befreit.

Die Sinnlichkeit, die die Malerei unbedingt zurückgewinnen muß, ist zunächst Opposition gegen jeden Verkündigungsgestus, Opposition gegen das jahrhundertealte unausrottbare Vorurteil, daß die Kunst nur als Vorstufe zur Geistigkeit geduldet werden könne. Im Gegenteil: Kunst, oder, besser, die Malerei ist die Gegenwelt zu einer Geistigkeit, die sich vom Menschen losgelöst hat. Gegenwelt bedeutet Entlastung vom Erhabenen und Heiligen, vom Idealen und vom Mythos – und an keiner Stelle der Malerei gelingt diese Entlastung besser als im Stilleben. Und dennoch: Indem das Stilleben diese Entlastung zu seinem eigentlichen Inhalt macht, ist das, von dem es sich entfernt hat, in jedem Detail gegenwärtig. Dies ist seine ungeheure Kraft. Das Stilleben ist das Ergebnis der Gegenbewegung zum Abstraktionsprozeß; aber gerade diese Bewegung macht sein Wesen aus, nicht ein als endgültig stilisierter Zustand. Abstraktion und Gegenbewegung sind Scheitelpunkte einer unendlichen Pendelbewegung. "So wie ein Mensch von dem Traum, den er von seinem Kinde hatte", schrieb Erich Glette, "mit der Liebe heimfinden muß zu dessen wirklicher Gestalt, so muß der Maler heimfinden von der abstrakten Idee zu dem Bild, das er malt, zu dem Werk, das er schafft." Und doch, so wäre dies zu ergänzen, muß man den Traum von seinem Kinde zugleich auch immer weiterträumen.

Um der Eigenart der Bilder von Rang auf die Spur zu kommen, hat Erwin Panofsky zwischen der vorikonographischen, der ikonographischen und der ikonologischen Sinnebene eines Bildes unterschieden. Obwohl dieses Schema sehr leistungsfähig ist, wie Max Imdahl in einer Vielzahl ausgezeichneter Bildbetrachtungen gezeigt hat, ist es vielleicht – wegen der Inhaltsbreite des Begriffs des Ikonischen – angemessener, auf einen Begriff zurückzugreifen, den der englische Philosoph Shaftesbury in die kunsttheoretische Diskussion eingeführt hat: die dialogische Struktur. Ähnlich wie die ikonologische Sinnebene bleibt die dialogische Struktur gleichsam "im Bilde", das zu Sehende erfüllt sich "in seiner fixierten Einansichtigkeit". Auch die dialogische Struktur grenzt sich – wie die ikonologische – von "aller natürlichen Wahrnehmungsvielfalt der visuellen Welt" ab, was sebstverständlich bedeutet, daß das im Bild zu Sehende – wie immer es auf die außerbildliche visuelle Welt hinweist oder auch nicht – "außerhalb des Bildes keine Existenz hat und insofern mit dem Bild selbst identisch ist" (Max Imdahl). Der Vorteil der Vorstellung "dialogische Struktur" gegenüber dem jüngeren Terminus ist das breitere Spektrum, die Einebnung der Grenzen zwischen Kunst und Wissenschaft: Zumindest in ihren Anfängen war Philosophie weitgehend dialogisch strukturiert. Vermutlich gilt dies inzwischen längst auch von vielen naturwissenschaftlichen Disziplinen, besonders von der Physik.

Dialogische Strukturen sind Elemente des Widerstands gegen den Herrschaftsanspruch von Systemen. Während Systeme in sich abgeschlossen, erlernbar und lehrbar sind, bleibt ein Dialog offen. Er kann unterbrochen und wieder aufgenommen werden. "Auch wenn wir allein sind", schrieb Friedrich Schlegel, "denken wir eigentlich immer noch zu zweien, und wir müssen unser innerstes tiefstes Sein als ein wesentlich dramatisches anerkennen. Das Selbstgespräch oder überhaupt das innere Gespräch ist in hohem Maße die natürliche Form des menschlichen Denkens." Die dialogische Struktur – und nicht etwa dasjenige, das in den Bildern zu entziffern wäre – ist die Bedingung für die aktive Teilnahme der Betrachter an den Werken.

Dialogische Strukturen beherrschen die Blumenstilleben von Klaus Straubinger. Gewiß ist nichts daran zu deuten, daß wir in diesen Stilleben Blumen vor uns haben, zugleich aber ist offensichtlich, daß diese Blumen nur der Ausgangspunkt, der Anlaß der Bilder sind. Wir sehen prachtvolles Aufblühen auf der einen Seite, Welken und Vergehen auf der anderen. Der Farbenpracht steht häufig das Monochrome einer Bretterwand entgegen mit einem z. T. schäbigen Gelbgrau. Rahmen sind zu sehen, aber ein Inhalt fehlt ihnen (vgl. Abb. 71). Farbenreichtum und das banal Eintönige, lebhafte Bewegung und das starr Konstruktive, Sinnenfreude und die Allgegenwart der Erosionen – aus diesen unendlichen Dialogen leben Straubingers Bilder.

Nur sehr selten taucht in diesen Bildern eine Vase auf. Sie wird für entbehrlich gehalten. Die Blüten sind nunmehr raumbeherrschend. Die Bretterwände treten zurück, immer öfter wird die Landschaft mit den Blumen kombiniert (vgl. Abb. 46, 58). Schließlich sind die Blumenstücke selbst Teile der Landschaft (vgl. Abb. 60, 61). Gleichberechtigt stehen sie neben und in den Elementen von Luft, Erde, Wasser. Es handelt sich nicht mehr um Blumen, die in einer Vase stehen, die auf einem Tisch steht, der sich in einem Raum befindet, der in einem Haus ist, das zu einer Landschaft gehört – sie sind selber Landschaft. Die Blumen erhalten eine Qualität, die sie ebenbürtig macht mit Himmel, mit Erde und Meer. Blumen bilden einen Berg in der Landschaft, erheben sich zu jener Stelle, an der sich der sonst eintönig graue Himmel öffnet.

Auch die Verbindung des Vegetabilischen mit architektonischen Elementen ist gelungen. In Abb. 52 erkennt man – relativ spät – eine Brücke im Hintergrund. Nicht um diese Brücke scheint es zu gehen, sondern eher um die Korrespondenz des Horizontalen mit den vertikalen Linien. Überhaupt führen die Linien in diesen Bildern Straubingers ein Eigenleben, dessen man gewahr wird, wenn man versucht, von aller Gegenständlichkeit zu abstrahieren. Was auf den naiven ersten Blick wie Blütenstengel aussieht, ist in Wirklichkeit ein Gewirr von unfixierbaren Eigenbewegungen, die den Blick von Strich zu Strich weiterleiten (Erich Franz). Die Linie befreit sich aus ihrem Funktionszusammenhang und wird in diesen Bildern zur Bewegung, die sich nicht mehr unterordnen läßt. Damit wird der Gegenstand geöffnet und aufgelöst, die Form aber gefestigt.

Die Blumenstilleben von Klaus Straubinger deuten bei all ihrer Schönheit auf einen Auflösungsprozeß hin; sie sind oft wie sturmgepeitscht. Da neigt sich etwas nach rechts, ein anderes nach links. Hier geht es nicht um die Pracht, die man wohlgeordnet so häufig geschenkt bekommt. Diese Blumensträuße haben ihren Zenit überschritten. Sie sind nicht Blumenbilder, sondern Bilder-Blumen, die ihre Vergänglichkeit viel radikaler demonstrieren können als jene, die der Natur gehören. Das "Stirb und Werde" gehört der Natur; hier steht das "Stirb" im Hintergrund, das "Werde" liegt außerhalb des Bildes.

Von grandioser Schönheit sind die Stilleben mit Flaschen und Krustentieren. Diese Stilleben sind eine Gratwanderung, eine Art Kräftemessen zwischen dem Anspruch des Natürlichen, Faktischen und dem freien künstlerischen Ausdruck. Die dialogischen Strukturen liegen hier nicht auf der Oberfläche. Sie sind angesiedelt in den Bereichen des Sichtbaren und Unsichtbaren. Die Pfeifenbilder (Abb. 75, 77) verführen natürlich dazu, an das Bild der Pfeife von Magritte zu denken, das der Maler mit der Unterschrift versah: "Das ist keine Pfeife." Man hat diesen Satz als Scherz abgetan, als augenzwinkernden Hinweis auf die banale Tatsache, daß hier kein Körper im Raum, sondern nur Farbe auf einer Ebene zu sehen sei. Man sollte den Satz von Magritte ernster nehmen. Magritte hat uns nicht gesagt, was das Bild denn nun sei, wenn es eben keine Pfeife ist. Er konnte dies nicht sagen, er wußte es nicht. Ein Stilleben ist nicht einfach ein Bild von etwas. Es enthält Sachen selbst, also etwas Konkretes, und es enthält diese Sachen dann doch nicht. Der Maler muß ihre Existenz dementieren. Das Spiegelbildlich-Realistische konkurriert mit dem ganz und gar Illusionären, wahrscheinlich fällt es sogar mit ihm zusammen. Die einzelnen Dinge bereiten helles Vergnügen, aber man spürt doch wiederum recht bald, daß sie als einzelne Dinge im Bild gar nicht existent sind, sondern nur in ihrer Konstellation leben. "Sie tauschen", so formulierte es unnachahmlich Cézanne, "Vertraulichkeiten miteinander aus", und eben dies ist, was den Betrachter beschäftigen sollte. Mit Cézanne beginnt, so Baumeister, die Rhythmisierung der Bildgegenstände, die Konturen, die Modulation der ganzen Bildfläche und damit die Entfernung von der täuschenden Nachbildung. Die Malerei gewinnt an Musikalität. Ein Ablauf innerhalb der Bildfläche gemahnt an einen musikalischen Ablauf. Das gibt sich lebenspralI, und doch ist alles "nature morte". Leere Flaschen, das haben wir inzwischen gelernt, gehören in den Altglas-Container für die Recycling-Prozeduren, hier stehen sie stellvertretend für gotische Kathedralen oder für Bankgebäude. Es gebe gar kein "an sich", hatte Nietzsche Kant verhöhnt, aber hier in diesen Stilleben von Klaus Straubinger scheint es das doch zu geben. Die blau-grüne Kühle der Flaschen steht im Kontrast zu dem Rot der Becher und Teller, ihre aufragende Gestalt zu deren Rund. Die Pinsel und die vergessenen, vertrockneten Blumenstengel-Linien stören das Vertikale und sind schlank gegenüber den dicken, erst zur Hälfte ausgequetschten Tuben. Da ist – wieder – etwas ganz konkret geworden, aber es ist dennoch, gegen jeden Augenschein, ganz und gar abstrakt geblieben. Genau an dieser Stelle liegt der Grund, warum wir den Bildern sprachlich nicht beikommen, am allerwenigsten den Stilleben: Wir werden niemals in der Lage sein, mit Hilfe unserer Sprachlogik zu erkennen, daß es in Wirklichkeit keine Gegensätze gibt, und wir müssen diesen Sachverhalt, der von schlichten Gemütern als Paradoxie bezeichnet wird, auch noch sprachlich für diese Bilder formulieren (Abb. 92, 93).

Seit der Ästhetik von Friedrich Hegel gehört es zu den Stereotypen der Kunstphilosophie, daß das Ende der Kunst unmittelbar bevorstehe oder bereits erreicht sei. Dieser "Satz vom Ende der Kunst", mit dem manche Philosophen gern ihre Hörer schockieren, wird jeden Tag tausendfach widerlegt.

Was für die Kunst allgemein gilt, das gilt selbstverständlich auch für die Landschaftsmalerei. Sie sei, so Andrea Wandschneider in dem Band "Durchfreuen der Natur. August Macke und die Expressionisten in Westfalen", "ein geschichtliches Phänomen, welches für uns der Vergangenheit angehört. Sie entwickelte sich im frühen 16. Jahrhundert, stand bis in unser Jahrhundert, bis in den Expressionismus in hoher Blüte und ist heute praktisch erloschen".

Die Landschaftsmalerei von Klaus Straubinger ist das kräftigste Dementi eines solchen Unfugs, die Kunst – ganz im Stil der Kunstdiskussion drittklassiger Theoretiker des 18. Jahrhunderts – als eine Art Naturprodukt zu betrachten, das sich irgendwann einmal entwickelt, irgendwann einmal seine Blüte erlebt, um schließlich abgeerntet, verzehrt oder umgegraben zu werden. Solange es Menschen gibt, das wäre die Gegenthese, wird es auch Malerei geben, und solange es Malerei gibt, wird es auch Landschaftsbilder geben. Und wenn die Landschaftsbilder schwindsüchtig geworden sind, dann werden sie hier, im Werk von Klaus Straubinger, zu kräftigstem Leben entfacht.

Reale Landschaften, die Klaus Straubinger aufgesucht hat, in Norwegen vor allem, dann in Spanien, auf Ibiza, haben ihre Spuren hinterlassen. Ohne die Eindrücke, die Straubinger auf seinen Reisen empfangen hat, wären seine Landschaftsbilder nicht möglich. Ihm wurde schließlich nicht zuletzt deswegen der Ibiza-Preis verliehen, weil es offensichtlich in seinen Bildern irgendwelche Affinitäten zur wirklichen Landschaft dieser Insel gibt. Und er ist in das Munch-Atelier eingeladen worden, weil man in seinen Landschaftsbildern Ankläge an die großartige Landschaft Norwegens entdeckte. Dem Maler kann das recht sein. Gleichwohl repräsentieren diese Landschaftsbilder nicht Orte, die man aufsuchen kann. Landschaft ist hier nicht zu verwechseln mit dem, was man die Aussicht nennt. Nicht das Gegenständliche der Welt hält Einzug in die Malerei, die Gegenstände der Malerei formen vielmehr unseren Blick für die Welt.

Die Landschaftsbilder von Klaus Straubinger ähneln musikalischen Kompositionen. "Ein Landschaftsbild muß durchkomponiert sein wie eine Symphonie", schrieb August Wilhelm Schlegel. Seine Einheit ist stets eine musikalische Einheit. Die Landschaftsbilder von Straubinger stellen uns den Zusammenprall oder auch die Wechselbeziehung der Elemente vor Augen: Licht, Luft, Erde, Gestein – eine unerhörte Aufgabe, die hier mit beeindruckender Souveränität und zugleich mit dem tiefen Empfinden einer starken Persönlichkeit unter immer wieder neuen Aspekten gelöst wird.

Auch die Landschaftsbilder leben aus dialogischen Strukturen. In ihnen gibt es eine Fülle von Binnenspannungen, die uns immer wieder und lange fesseln. Die auffälligste Spannung liegt in der bemerkenswerten Wechselbeziehung zwischen architektonischen Strukturen, also dem, was vor langer Zeit von Menschenhand geschaffen wurde, und Naturformen, die sich das ihnen Abgerungene wieder zurückholen. Charakteristische Titel oder Untertitel dieser Bilder heißen "Abtragungen", "Erosionen". Aus gestaltloser Materie sind irgendwann einmal lebendige Formen geworden, aber im Hintergrund steht immer das Elementare, zu dem sie zurückkehren. Man könnte versucht sein, diese Bilder unter das Diktum "Memento mori" zu stellen, aber sie richten keinen Appell an uns. Sie erzählen unsentimental die Geschichte, die wir kennen und immer wieder verdrängen, daß alles aus Asche kommt und auch wieder zu Asche wird. Das Klischeebild von der noch unberührten, schönen Natur, das uns durch den eilfertigen Hinweis auf den hohen Norden nahegelegt wird, verwandelt sich in das melancholische Bild der Natur, die schließlich, weil menschenleer, zur Ruhe gekommen ist. Das Noch-nicht des Menschen weicht dem Nicht-mehr.

Eingefügt in diese Landschaften sind häufig Akte – als steinerne Figuren. Sie gehören nicht zum Leben, sondern zu dem gewesenen Leben, zu den Resten der Architektur. Diese Affinität zum Architektonischen setzt sich auch dann noch durch, wenn Klaus Straubinger wirklich Akte malt (vgl. Abb. 23). Die unerhörte Sinnlichkeit der Figur der "Meernymphe" ist Teil einer malerischen Gratwanderung, die meisterhaft beherrscht ist. Diese Figur beherrscht das Wasser und das Firmament. Kein Ufer ist in Sicht, auf das sie steigen könnte. Die Farbe des Körpers teilt sich der Atmosphäre mit, diese wiederum beherrscht den Kopf und die Arme. Die Haare tragen die Farbe des Elements, aus dem diese Figur stammt: die des Meeres. Und schließlich keimt die Vermutung auf, daß diese Figur eine Statue sein könnte, dem Erosionsprozeß unterworfen.

Zu den größten Herausforderungen der Malerei hat immer das Porträt gehört. Wie läßt sich das Porträt als Abstraktionskunst bestimmen, da hier eben doch der Bildgegenstand die dominierende Rolle zu spielen scheint und die Gesetze von Form und Farbe von dem Porträtierten, der auf Ähnlichkeit pocht, als sekundär angesehen werden?

Die Lösung dieses Problems scheint einfach zu sein: Auch die Porträtkunst fügt sich offenbar dem Gesetz der Emanzipation von der sogenannten Realität. "Kein Porträt kann etwas taugen, als wenn es der Maler im eigentlichen Sinne erschafft", schrieb Goethe in dem Dialog "Der Sammler und die Seinigen". Ebenso wie das Landschaftsbild als ein strukturiertes, komponiertes nicht zu verwechseln sei mit der Aussicht, die sich dem Blick öffne, so sei auch ein Porträt keine Wiederholung von etwas Gegebenem.

Diese Auffassung Goethes fand kaum Widerspruch, sie wurde immer wieder bestätigt oder variiert. Oscar Wilde bezeichnete nur jene Porträts als wahrhaftig, in denen viel vom Maler, aber nur sehr wenig vom Modell sichtbar sei, was von vielen Malern bestätigt wird, von Wassily Kandinsky zum Beispiel, der in seinen autobiographischen Schriften bekannte: "Zehn Blicke auf die Leinwand, einer auf die Palette, ein halber auf die Natur."

Dies alles aber besagt noch nicht sehr viel. Man muß hier vielleicht anders ansetzen: Als Emanzipation von den Kategorien der Realität ist Kunst stets zugleich Kritik dessen, von dem sie sich entfernt. So ungewöhnlich und so hart das immer klingen mag: An keiner Stelle wird die kritische Auseinandersetzung mit dem Bildgegenstand so deutlich wie in der großen Porträtkunst. Viel mag von dem stimmen, was Erich Glette über das Porträt gesagt hat: Es sei eine psychologisch-geistige Erfassung der Person. Immer seien mehrere Sichtweisen auf ein Porträt möglich, der wirkliche Mensch dagegen strebe nach der einen, unter der er gesehen werden wolle. Glette hat charakteristischerweise viele Porträts nach dem Gedächtnis gemalt.

Klaus Straubinger aber ist in der Porträtkunst seinem Lehrer Kokoschka nahe geblieben. Oberstes Gesetz des Porträts ist die Wahrheit. Von daher verbietet sich jegliche Idealisierung, sie muß sogar sorgfältig vermieden werden. Als erster Autor hat Friedrich Schlegel diese spezifische Eigenart des modernen Porträts beschrieben. Die Anstrengung, der Wahrheit näher zu kommen, führte er in den "Gemäldebeschreibungen" aus, werde nicht dazu führen, "die Gesichtszüge einer idealischen Allgemeinheit zu nähern", sondern gerade im Gegenteil das Beschränkte und Begrenzte eines Individuums hervorzuheben. Jene vorübergehenden Stimmungen, in denen oft eine höhere Seele wenigstens auf Momente durch die äußere Form hervorzuleuchten und dieselbe zu einer reineren Schönheit und Bedeutung zu verklären pflege, seien ihrer Natur nach flüchtig und müßten vom Maler gänzlich vermieden werden zugunsten der Darstellung der Beschränktheit, in der ein Charakter gleichsam fest eingeschlossen erscheine. Das ist die Kunst, die Straubinger beherrscht, die alle seine Porträts auszeichnet, nicht zuletzt seine Selbstporträts.

Für den Porträtierten gibt es einen Trost: Wenn man von dem Traum, den man von sich hat, heimfindet zur wirklichen Gestalt, dann – und erst dann – ist man auch in der Lage, den Traum von sich weiterzuträumen.

K. S 96

… Die dialogische Struktur – und nicht etwa dasjenige, das in den Bildern zu entziffern wäre – ist die Bedingung für die aktive Teilnahme der Betrachter an den Werken.

Porträt – Figurativ

… Ebensowenig wie das Landschaftsbild als ein strukturiertes, komponiertes, verwechselt werden darf mit der Aussicht, die sich dem Blick öffnet, ist ein Porträt als Wiederholung eines Gegebenen zu betrachten.

1   Caféhaus, 1970 – Öl auf Hartfaser, ca. 80 x 90 cm

WORPSWEDER KUNSTHALLE KLAUS STRAUBINGER

2   Einladungskarte Ausstellung Klaus Straubinger, Worpsweder Kunsthalle bei Friedrich Netzel, 27.3.1971

3   Skizze Prof. Carlo Schmid, 1971 – Kreide, 40 x 60 cm

4   Skizze   Mein Vater, 1971 – Lithokreide auf Schöller-Hammer, 85 x 60 cm

5   Ohne Titel, 1988 – Öl auf Karton, 30 x 40 cm

6   Harlem, 1972 – Öl auf Hartfaser, ca. 124 x 135 cm

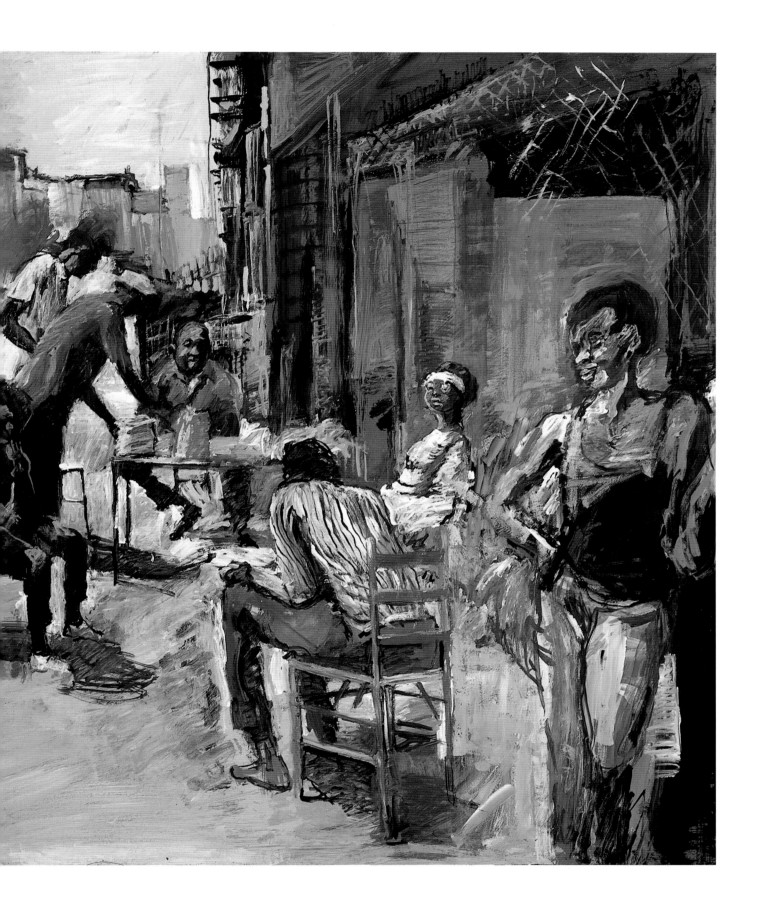

7   Jörg, 1967 – Öl auf Papier, ca. 49 x 45 cm

8   Mit Freunden auf Ibiza, 1969 – Öl auf Leinwand, 120 x 140 cm

9   4 x Selbstbildnis, 1977 – Radierung, 20 x 30 cm

10   Nils, 1987 – Öl auf Karton, 44 x 41 cm

11   Inge, 1986 – Öl auf Leinwand, 100 x 100 cm

12   Maren, 1988 – Öl auf Leinwand, 56 x 56 cm   13   Meike, 1984 – Kreidezeichnung, 63 x 55 cm

14 Inge, 1972 – Kreidezeichnung, 70 x 60 cm

15   Nils – als „Harlekin" mit Kasperl, 1985 – Öl auf Leinwand, 125 x 100 cm

16   Günter v. Kannen, Porträt, 1989 – Öl auf Leinwand, 100 x 100 cm

17   Uli O., ein Freund aus Ammersee-Zeiten, 1964 – Öl auf Leinwand, ca. 80 x 100 cm

18   Herbert voller skeptischer Ahnungen, 1989 – Öl auf Karton, 51 x 53 cm

19   Selbstbildnis, 1990 – Öl auf Hartfaser, ca. 40 x 30 cm

20   Jean Paul, 1995 – Öl auf Leinwand, 70 x 90 cm

21   Akt-Studie, 1978 – Aquarell, 30 x 40 cm

22   Akt-Impression, 1983 – Öl auf Leinwand, 80 x 70 cm

23   Meer-Nymphe, 1995 – Öl auf Leinwand, 110 x 100 cm

24–27   Variationen, 1973 – Öl auf Leinwand, je 100 x 80 cm

… Farbe und Form dominieren, bis sich schließlich am Ende der Sequenz ein abstraktes Bild von eigenartiger Schönheit entfaltet.

28   Ohne Titel, 1971 – Öl auf Leinwand, 135 x 110 cm

Gemalte Reliefs und Entwürfe

29   Entwurf für ein Bronze-Relief – Trojanisches Pferd, 1971, ca. 80 x 60 cm

30   Gemaltes Relief, 1987 – Öl auf Hartfaser, 83 x 88 cm

31   Gemalte Skulptur, 1971 – Öl auf Leinwand, 90 x 140 cm

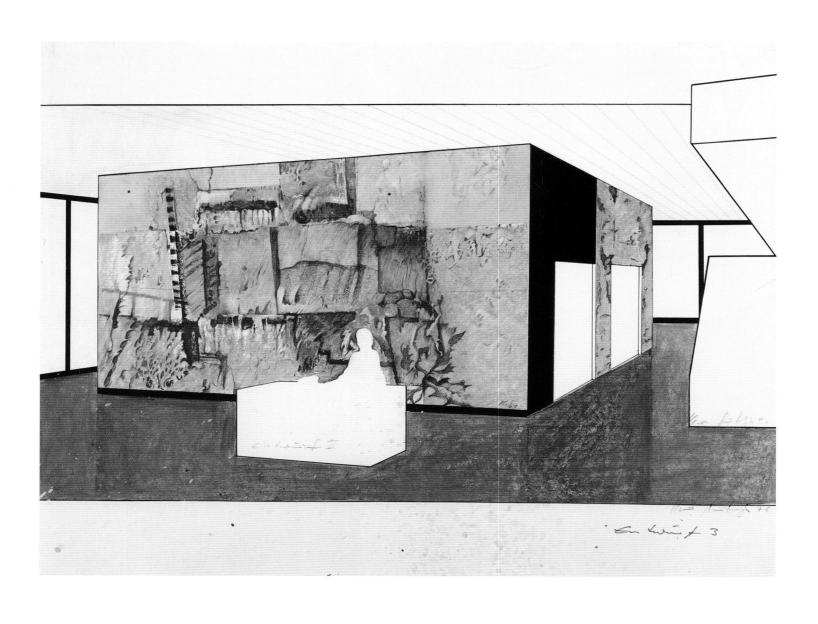

32　Entwurf für eine Eingangshalle, 1976 – Bleistift und Ölkreide, 50 x 82 cm

33   Entwurf für eine Eingangshalle, 1976, 50 x 82 cm

… Immer wieder ist die Behauptung zu hören, die Kunst der Landschaftsbilder sei heute erloschen. Aber Landschaftsbilder wird es geben, so lange es Malerei geben wird. Das als schwindsüchtig Denunzierte wird im Werk von Klaus Straubinger zu kräftigstem Leben entfacht.

Landschaften – Blumen

34   Anatolien, 1975 – Öl auf Leinwand, 120 x 150 cm

35   Küsten-Strukturen, 1971 – Öl-Lasur, 60 x 41 cm

36   Am Strand, 1981 – Gouache, 59 x 59 cm

37   In den Dünen, 1981 – Gouache, 59 x 59 cm

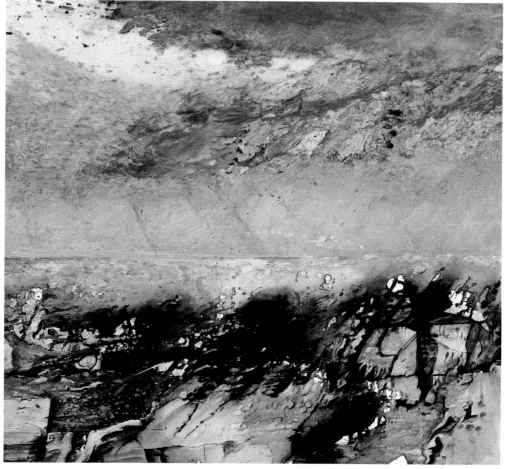

38–41 Küstenstrukturen, 1974 – Öl auf Karton, 40 x 36 cm

42 Anatolien, 1984 – Öl auf Leinwand, 120 x 140 cm

43   Sardische Küste, 1988 – Gouache, 62 x 80 cm

44   Sylt-Impressionen, 1988 – Gouache, 62 x 80 cm

45   Fels in der Brandung, 1987 – Öl auf Leinwand, 100 x 125 cm

46   Ibiza IV, 1980 – Öl auf Leinwand, 125 x 150 cm

47–50 Jahreszeiten – Öl auf Karton, 36 x 40 cm

51 Frühling, 1991 – Jahreszeiten-Zyklus,
Öl auf Leinwand, 100 x 100 cm
Impressionen aus dem Bremer Bürgerpark
im Haus St. Petrus, Böttcherstraße

52   Sommer – Öl auf Leinwand, 100 x 125 cm

53   Herbst, – Öl auf Leinwand, 100 x 100 cm

54   Winter, 100 x 125 cm

55   Winterlandschaft (Föhn), 1985
      Öl auf Leinwand, 110 x 125 cm

56   Margeritenwiese, 1980 – Öl auf Leinwand, 80 x 90 cm

57   Margeritenwiese, 1980 – Öl auf Leinwand, 110 x 125 cm

58 Südliche Impressionen, 1983
    Öl auf Leinwand, 125 x 150 cm

59   Blumen-Stilleben, 1981 – Öl auf Leinwand
      120 x 110 cm (Ausstellungsplakat Galerie Neher)

60　Blüten-Impression I, 1991 – Öl auf Leinwand, 130 x 100 cm

61   Blüten-Impression II, 1994 – Öl auf Leinwand, 125 x 100 cm

62   Blumen-Stilleben, 1981 – Vorstudie Gouache, 45 x 32 cm

63 Blumen-Stilleben, 1981 – Öl auf Leinwand, 125 x 110 cm

… Blumen, das sind immer auch Farben – Farben immer auch Blumen. Durch ihre Sequenz geraten die Bilder selbst in Bewegung.

64   Herbststrauß, 1981 – Aquarell, 60 x 46 cm

65   Mohn- und Margeritenstrauß, 1981 – Aquarell, 50 x 65 cm

66   Sommerstrauß, 1981 – Aquarell, 50 x 65 cm

67   Rhododendron, 1980 – Gouache, 30 x 26 cm

68   Blumen-Stilleben, 1980 – Gouache, 56 x 42 cm

69   Kleiner Strauß, 1981 – Öl auf Karton, ca. 30 x 22 cm

71   Blumen-Stilleben, 1993 – Öl auf Leinwand, 110 x 100 cm

… Das Stilleben ist das Ergebnis einer Gegenbewegung zum Abstraktionsprozeß; eben diese Bewegung macht sein Wesen aus, nicht ein als endgültig stilisierter Zustand.

Stilleben

72   Tisch auf der Terrasse, 1967 – Öl auf Hartfaser, 110 x 125 cm

73   Stilleben am Fenster mit Schachbrett, 1967 – Öl auf Leinwand, 120 x 145 cm

74   Stilleben mit Uhr, 1977 – Öl auf Leinwand, 80 x 90 cm

75/76   Stilleben: Studie I + II, 1978 – Öl auf Leinwand, je 80 x 100 cm

77   Pfeifen-Stilleben, 1993 – Öl auf Leinwand, 120 x 100 cm

78   Makrele, 1975 – Öl auf Leinwand, 70 x 80 cm

79   Stilleben, Hecht mit Hummer, 1987/88 – Öl auf Leinwand, 100 x 125 cm

80   Fischmarkt, 1975 – Öl auf Leinwand, 100 x 80 cm

81   Lobster, 1980 – Öl auf Leinwand, 80 x 90 cm

82 Frutti di Mare, 1991 – Öl auf Leinwand, 100 x 125 cm

83 Früchte-Stilleben, 1994 – Öl auf Leinwand, 90 x 70 cm

84 Früchte-Stilleben, 1995 – Öl auf Leinwand, 100 x 150 cm ▷

85 Kleines Pfeifen-Stilleben, 1991
    Öl auf Karton, 40 x 43 cm

86 Austern, 1994
    Öl auf Karton, 37 x 50 cm

87 Austern, 1989
    Öl auf Leinwand, 50 x 60 cm

88   Muscheln und Seeigel, 1985 – Öl auf Leinwand, 50 x 60 cm

89   Atelier-Studie I, 1982 – Öl auf Leinwand, 80 x 90 cm

90   Atelier-Studie II, 1995 – Öl auf Leinwand, 50 x 60 cm

91   Atelier-Studie III, 1988 – Öl auf Leinwand, 50 x 60 cm

92   Atelier-Studie IV, 1988 – Öl auf Leinwand, 125 x 110 cm

93   Atelier-Studie V, 1994 – Öl auf Leinwand, 100 x 150 cm ▷

BILDER ZWISCHEN DIESSEITS UND JENSEITS

Klaus Straubinger im Gespräch mit Herbert Mainusch

Herbert Mainusch

Was immer wieder auffällt, ist die Entschiedenheit, mit der besonders die Maler die Eigenständigkeit ihrer Kunst betonen und jeden auch nur geringsten Ansatz von Anpassung und Dienstleistung zurückweisen. Man hört ja auch von Dir immer wieder die klaren Sätze: "L'art pour l'art, dazu stehe ich. Die Malerei darf nicht für irgendwelche Zwecke mißbraucht werden."

Klaus Straubinger

Natürlich setzt man sich als Maler mit seiner Zeit auseinander. Die Zeit, in der ich lebe, die Umwelt, die mich umgibt, nehme ich ganz bewußt wahr. Nichts geht schließlich spurlos an uns vorüber. Ich habe aber sehr schnell begriffen, daß Malerei ein völlig ungeeignetes Medium für Fingerzeige jeglicher Art ist. Wenn eine Käthe Kollwitz aus ihrem Umfeld soziale Strukturen aufzeigt, dann ist dies etwas ganz anderes als das, was heute von der Kunst immer wieder verlangt wird. Ich bin ganz entschieden gegen eine Malerei, von der man annehmen muß, daß man sie für einen guten Zweck verwenden könnte. Die Malerei enthält keine Botschaft; sie ist selbst Botschaft. In der Kunst geht es nicht darum, Erfahrungen zu vermitteln, sondern die Fähigkeit, Erfahrungen zu machen.

Die Betonung der Sinnlichkeit, die wir besonders in der bildenden Kunst erleben, geht in die gleiche Richtung: Die Sinnlichkeit steht nicht im Gegensatz zum Geist. Sie ist vielmehr die Zurückweisung eines gar nicht einlösbaren Anspruchs, nach dem es Aufgabe der Kunst sei, einen intellektuell formulierbaren Gehalt weiterzugeben. Ähnliches gilt ja auch für die Literatur.

H. M.

Wahrscheinlich kennst Du ja den schönen Spruch von Karl Kraus: Maler, die mit Farben Botschaften ausdrücken, nennt man Anstreicher. Die Elendskinder der Käthe Kollwitz beweisen im übrigen keine sozialistische Doktrin, sie sind zunächst und vor allem Meisterzeichnungen; ebensowenig ist Tizians "Himmelfahrt Mariens" in der Frari-Kirche in Venedig die Verkündigung eines Dogmas, sondern ein Meisterwerk der venezianischen Renaissancemalerei.

Auf der einen Seite soll also die Kunst keine Botschaften überbringen, denn dadurch würde sie dem Betrachter, der sich auf den Standpunkt des Künstlers stellen muß, jede Freiheit rauben. Auf der anderen Seite wird man zu verhindern haben, daß sie sich ausschließlich mit sich selbst beschäftigt. Der Weg zwischen diesen beiden Polen heißt Schönheit als Ziel der Kunst. Die These wäre also: Wenn die Schönheit aufhört, das Ziel der Kunst zu sein, dann wird die Kunst belanglos.

K. S.

Dies ist, wie Du weißt, meine Auffassung. Nichts leistet ja größeren Widerstand gegen jegliche Indienstnahme als das Prinzip Schönheit. Die Schönheit ist und bleibt das Herz der Kunst. Wenn heute in der Schönheit vielfach etwas Verwerfliches gesehen wird, so finde ich dies nur lächerlich. Schön ist für mich ein Bild dann, wenn seine Elemente zum Klingen kommen, wenn sie eine unauflösbare Einheit bilden.

H. M.

Schönheit wird heute vielfach als unreeller Fluchtversuch aus einer durch und durch unschönen Welt gesehen. Aber in dieser Einschätzung versteckt sich ein doktrinärer Ansatz, daß sich nämlich die Kunst auf diese unschöne Welt einzulassen habe. Der Künstler habe die Welt so darzustellen, wie sie in Wirklichkeit sei, heißt das jahrhundertelang wiederholte Dogma, dem Oscar Wilde den Fehdehandschuh hinwirft: Die Kunst stellt die Welt dar, wie sie gerade nicht ist. In der Kunst wird Realität hergestellt, nicht abgebildet.

K. S.

Der der Kunst aufgezwungene Realitätsbezug ist immer ein Verrat an der Sache. Kunst darf nicht abbilden, sie hat gleichsam vorzubilden. Deshalb geht auch das bekannte Wort von Theodor W. Adorno, daß man nach Auschwitz keine Lyrik mehr schreiben dürfe, an dem, was ich unter Kunst verstehen möchte, gründlich vorbei. Denn durch eine solche Apodiktik wird im Grunde nur versucht, die Lyrik, aber auch die Malerei, durch eine Theorie zu ersetzen, die uns alle offenbar einschüchtern soll. Kunst ist doch gerade die Rückkehr zur Humanität. Ob es sich hierbei um Malerei handelt, um Literatur, Theater, Musik, um eine Melodie oder einen Farbklang – dies alles sind Bedingungen für den Menschen, sein Selbstwertgefühl im Raum zu finden oder wiederzufinden. Man kann eben nicht aufhören zu malen oder Lyrik zu schreiben, um dann – gleichsam ersatzweise – die Menschheit mit Hilfe unglaublicher Thesen zu schockieren.

Gewiß ist das Malen schwerer geworden in einer Zeit, in der uns die Medien überrollen, in der das ganz und gar Bunte überall auftaucht, in der Werbung, im Film, im Fernsehen. Man ist ja völlig vollgestopft mit optischen Eindrücken. Da kann ich schon einen Künstler verstehen, wenn er eine monochrome Tafel malt. Natürlich achte ich das Resultat als Bild, und selbstverständlich muß es ernst genommen werden. Gleichwohl wissen wir doch alle, daß das Bild des Malers mit der Bilderwelt des Fernsehens, der Reklame, der Presseerzeugnisse nichts zu tun hat. Dieses Bild vermehrt nicht die auf uns einstürzende Bildmenge, es wirkt ihr vielmehr entgegen. Darum ist es auch sinnlos, das Ende der Malerei oder bestimmter Sparten der Malerei zu prognostizieren und das Heil in irgendwelchen Neuerungen zu suchen, die gewiß ihre Existenzberechtigung haben, die aber keine universell geltenden Maßstäbe setzen können. Das Handwerkszeug des Malers ist und bleibt der Pinsel.

H. M.

Das würde konsequenterweise bedeuten, daß Du auch dann, wenn Du porträtierst, nicht Abbilder herstellst, sondern Strukturen malst. Das Resultat wären dann Kreationen und nicht Kopien menschlicher Physiognomien.

K. S.

Ich porträtiere wahnsinnig gern, denn ein Porträt ist die größte Herausforderung für einen Maler. Schau Dir doch einmal dieses Porträt an: Das ist kein Selbstbildnis, und doch sehe ich in diesem Porträt außerordentlich viel von mir selbst. Bei genauer Betrachtung wirst Du bemerken, daß es überhaupt nicht hätte entstehen können ohne die vielen Küstenstrukturen, die ich in den letzten Jahren gemalt habe. Das hat nichts mit Technik zu tun. Wie der Kopf ausgeleuchtet ist, wie er im Raum steht: Im Grunde könnte er auch ein Fels sein, der in der Landschaft steht. Hier sind sehr viele Einflüsse bemerkbar, die sich zu einem Ganzen zusammenfügen müssen.

Man verändert sich auch selbst ständig, aber nicht in jenem Sinn, daß man von sich Abschied nimmt und plötzlich in eine andere Richtung marschiert, in eine Richtung gar, die von anderen vorgegeben wird. Man muß sich vielmehr verändern, indem man in die Tiefe steigt.

H. M.

Ähnlich hat sich kürzlich Günther Uecker ausgedrückt. Auf die Frage, ob es bei ihm eigentlich keine Entwicklung gebe, gab er zur Antwort: "Nein. Die Entwicklung wird eigentlich nur mehr sagbar und mehr sichtbar gemacht. Aber es kommt nichts hinzu. Man kommt der Sache näher; aber die liegt ja nicht in der Zukunft; sie ist ja da, und sie hat ihre eigene Zeit." Das paßt sehr gut auch auf Dich. Wahrscheinlich ist eine solche Haltung der Kunst gegenüber angemessen: Man kommt der Sache, um die es geht, immer näher.

K. S.

Ich finde dieses Zitat von Günther Uecker, den ich übrigens sehr schätze, hervorragend.

H. M.

Heute scheint es nur sehr wenige Maler zu geben, die wirklich gut porträtieren können.

K. S.

Porträtieren heißt, etwas sichtbar machen, an dem die meisten Menschen achtlos vorbeigehen. Manche Menschen haben eine Ausstrahlung, die von ihrem Äußeren her gar nicht begreifbar ist. Dies umzusetzen in der Malerei ist eine wirkliche Kunst.

H. M.

Ich vermisse bei Deinen Porträts – ganz grundsätzlich – jene Leichtigkeit, die für viele andere Deiner Bilder charakteristisch ist.

K. S.

Das ist vielleicht auch ganz gut so. Das Porträt bedarf einer enormen Konzentration. Wenn ich dann aber an einem bestimmten Punkt ankomme, dann wird es auch ein Volltreffer.

H. M.

Und wo liegt dieser bestimmte Punkt? Läßt er sich etwas näher beschreiben?

K. S.

Das gute Porträt ist die Darstellung des Werdens einer Persönlichkeit.

H. M.

Ist es nicht oft gefährlich, ein Porträt von einem Menschen zu malen, der das Idealische seiner Persönlichkeit hervorgehoben haben möchte? Jedes Porträt hat ja immer etwas Destruktives an sich. Es schmeichelt prinzipiell nicht. Übrigens gewöhnt man sich sehr schnell an diesen an sich überraschenden Charakterzug der Porträtkunst und findet ihn dann sogar sehr gut. Hinzu kommt noch, daß alle großen Porträtmaler behauptet haben, daß der Porträtierte der unwichtigste Teil eines Porträtvorgangs sei.

K. S.

Ich habe so manche Porträts gemalt, Gefälligkeitsporträts noch nie. So etwas geht nie lange gut.

Natürlich muß man den Einstieg immer über die eigene Person suchen und finden, sonst geht man an dem zu Porträtierenden vorbei. Aber beim Porträt passiert noch etwas anderes als beim Stilleben, wo man ja die enorme Freiheit des Arrangements hat. Der Porträtierte befindet sich in einer gewissen Anspannung. In den ersten fünf Minuten ist er noch willens, den Kopf gerade zu halten, aber dann kommt unweigerlich die Phase des Erstarrens. Oder die Menschen setzen sich so hin, wie sie gern gesehen werden wollen. Schließlich sacken sie zusammen.

Man möchte auf das Unverwechselbare hinaus, und eben das verwischt sich im Laufe einer Sitzung. Das ist das Hauptproblem beim Porträtieren. Die Hilfe, die man haben kann, etwa durch ein Porträtfoto, ist abzulehnen, denn Fotos, ob gut oder schlecht, geben immer nur erstarrte Situationen wider. Wie jemand um die Ecke schaut, wie es aus einem Menschen hervorblitzt, das macht das Porträt aus. Natürlich ist auch ein solches gemaltes Porträt eine Momentaufnahme, aber die Momentaufnahme eines Vorgangs, den kein Foto der Welt wiedergeben kann: das Durchbrechen einer Hülle, die fast immer-zu um uns ist. Darin besteht die große Aufgabe der Porträtkunst.

Die wichtigste Fähigkeit des Porträtmalers ist das Hinsehen-Können, das ganz genaue Hinsehen-Können. Das ist es, was ich von Kokoschka gelernt habe. Bei der Aktmalerei beispielsweise mußten die Modelle alle zehn Minuten ihre Positionen ändern. Da hatte man keine Zeit mehr, über andere Maler nachzudenken, wie die sich etwa verhalten hätten. Da mußte man malen, reagieren, farbige Dunkelwerte schaffen, die den Raum hervorbringen.

H. M.

Die Bewegung, das Werden, findet sich ja auch in Deinen Stilleben. Die Muschel ist Materie. Ihre Form wird eines Tages wieder zerfallen, und sie wird wieder zu dem, was sie einst war: Sand. Der Hintergrund Deiner Bilder stellt den Formenreichtum des Vordergrunds in Frage, und darum lächelst Du ja auch über diejenigen unter Deinen Imitatoren, die Deinen Vordergrund kopieren und den Hintergrund übersehen.

K. S.

Große Stilleben sind immer Bilder zwischen Diesseits und Jenseits. Das ist im Grunde mein zentrales Thema: Erosionen. Zwischen Diesseits und Jenseits heißt aber auch: zwischen gestern und morgen. Daneben muß man den Mut haben, die einfachen Farbspiele aufzugreifen, die es nur in Verbindung mit Wasser und Licht gibt. Allein ein solches Bild, in dem alle Farben miteinander kombiniert werden, gegen den Postkartenkitsch zu setzen, das ist schon eine große Kühnheit.

Dabei ist aber nicht zu übersehen, daß die Freude an den Dingen dieser Welt bei jeder Malerei eine große Rolle spielt. Ich erinnere mich noch sehr genau an eine Situation, als ich als Kind aus dem Fenster geschaut habe und einfach begeistert war über das, was es da alles zu sehen gab. In dieser Situation ist mein Ego erwacht. Daß man selbst dasteht und das alles erleben darf, daß man das Glück hat, im Erleben auch etwas tun zu dürfen – und tun zu können -, anstatt im Aufnehmen verharren zu müssen: ein größeres Glück kann man sich doch gar nicht vorstellen.

Markus Lüpertz hat einmal den Spruch von sich gegeben: "Der Mittelpunkt der Welt ist da, wo ich bin." Das ist sehr mißverständlich, aber es ist doch ein guter Spruch. Er signalisiert eine unbedingte Freiheit. Ich konnte glücklicherweise immer existieren, ohne fragen zu müssen, was ist heute *in*, welche Bilder gehen und welche nicht. Dieses Glück hat doch heute kaum noch einer von den freien Künstlern. Andererseits bedarf es eines großen Einsatzes, sich diesen Freiraum zu bewahren.

H. M.

Das Zusammenspiel zwischen der Subjektivität als der Bedingung der Bilder und den konkreten Gegebenheiten ist ein immer wieder faszinierendes Thema. Der Fotograf Joseph Gallus Rittenberg hat kürzlich gesagt, daß er die Bilder, die er machen wolle, selbstverständlich vorher im Kopf habe.

K. S.

Das ist ein sehr schönes Beispiel. Ich kann in diesem Zusammenhang nur auf die Küstenstrukturen hinweisen, die im Zusammenhang mit unserer Norwegen-Reise entstanden sind. Vor dieser Reise habe ich etwa eineinhalb Jahre lang abstrakt gearbeitet, mit Strukturen experimentiert, vieles dann auch wieder vernichtet. In dieser Zeit sind die kubistischen Bilder entstanden, das gemalte Relief. Aber erst durch die leidenschaftliche Auseinandersetzung mit diesen Strukturen bin ich an einem Punkt angekommen, an dem diese Norwegen-Reise zu einer wirklichen Offenbarung für mich wurde. Da endlich fand ich die Landschaft, die wie eine Skulptur aussah, so wie ich sie immer vor Augen gehabt hatte. Die wollte ich ja malen. Darauf hatte ich die letzten eineinhalb Jahre hingearbeitet. Die Landschaft war wie eine Plastik. Es gab kaum Vegetation. Und dieses Spiel von Licht und Fels und Küstenstrukturen, das war nun zu dem für mich genau richtigen Zeitpunkt erschienen. Das hat mich damals so gefangengenommen, daß es lange Zeit gar nichts anderes gab als diese Küstenstrukturen. Das war die abstrakte Landschaft, die ich schon immer gemalt hatte, ohne es zu wissen. Das Karge der Landschaft, die Erosionsprozesse, die hatten mich immer fasziniert. Und dann das unwahrscheinlich vielfältige Licht.

H. M.

Du fandest also das, was Du schon immer vor Dir gesehen hattest.

K. S.

Und dadurch entstand eine neue Welt.

H. M.

In den vielen Artikeln, die über Dich in den letzten zwanzig Jahren erschienen sind, wird immer wieder auf Deine Lehrer hingewiesen, auf Erich Glette und Oskar Kokoschka. Ich finde, daß es jeden Wissenschaftler ehrt, aber auch jeden Künstler, wenn er immer wieder auf diejenigen hinweist, die ihn menschlich, künstlerisch, wissenschaftlich geprägt haben.

K. S.

Wobei ich die menschliche Prägung als die wichtigste betrachte. In der Tat ist es ein großes Glück, und es ist auch lebensentscheidend, daß im richtigen Augenblick der richtige Mensch den Weg kreuzt. Glette und Kokoschka haben mir vorgelebt, daß man unwahrscheinlich hart arbeiten muß, wenn man einen wirklichen Durchbruch schaffen will. Meine Lehrer waren wirklich Arbeitstiere. Bei Kokoschka mußte man sich regelrecht durchboxen. Es war ziemlich hart. Interessant waren übrigens auch die Schüler, die er um sich versammelte.

H. M.

Wie hat sich Dein persönliches Verhältnis zu Kokoschka entwickelt?

K. S.

Mit Kokoschka kam es zu einem persönlichen Dialog. Man traf sich in Salzburg in der Galerie Wells oder im Weinhaus Moser nebenan. Ich hatte öfter mal in der Schweiz zu tun und besuchte ihn dann in Villeneuve. Wichtig war für mich, daß ich hier einem Mann begegnete, der überhaupt nicht über Malerei sprach, denn sie war allgegenwärtig. Er hatte ein enzyklopädisches Wissen aus einer humanistischen Einstellung und Schulung heraus. Vor allem war er in der Lage, uns eine lebendige Kraft, eine unerhörte Begeisterungsfähigkeit zu vermitteln, so daß man wie von selbst in einen Sog geriet. Er konnte mich mitreißen. Bis dahin hatte ich immer nur Künstlerkollegen kennengelernt, die halb am Leben verzweifelt waren. Unter Künstlern gibt es ja, das wird Dir geläufig sein, viele Mode-Nihilisten. Die versuchten immer nur, das Elend in der Malerei darzustellen, ihr soziales Engagement vorzuzeigen, in irgendwelchen schlimmen Dingen herumzurühren. Hier aber war endlich jemand, der sagte: Verdammt noch mal, hört endlich auf zu jammern, malt. Ich will wissen, was Ihr zu erzählen habt. Und wenn Ihr nichts mehr zu erzählen habt, dann laßt es eben bleiben. Dann könnt Ihr auch nicht malen.

H. M.

Was heißt das konkret?

K. S.

Der Akzent liegt hier auf dem Eigenen und Persönlichen. Und wie man eigentlich erst dann Wissenschaftler ist, wenn man "sein Thema" gefunden hat, so wird man erst dann wirklich zum Maler, wenn man seine eigene Sprache spricht und keinem Trend hinterherläuft. Vielleicht könnte man dies auch anders umschreiben: Es gibt viele Menschen, die Gold in der Kehle haben, aber es gibt doch nur sehr wenige große Sänger. Ähnlich ist es beim Malen: Was den Maler ausmacht ist seine Persönlichkeit, nicht der Umgang mit Farben und Farbtöpfen.

H. M.
Vom Charakter her war der vornehme Erich Glette ganz anders als Oskar Kokoschka. Er wurde besonders wegen seiner feinen Porträtierungskunst geschätzt.

K, S.
Überhaupt wegen seiner Malkultur. Ich kenne in München keinen Maler, der ihm das Wasser reichen könnte, auch heute noch nicht. Ich zeige Dir nachher mal einen Katalog. Da wirst Du Dich noch wundern. Dieser Mann war ein Grandseigneur, aber er war auch sehr verletzlich. Viele Künstler in seiner Umgebung, Maxmüller zum Beispiel, der für die Lehramtsstudenten zuständig war, waren noch Maler, während sich viele andere schon zu Aktionisten gewandelt hatten. Damit aber hatten sie sich im Grunde von der Malerei abgewandt. Andere beschäftigten sich mit Kunstpolitik, das Malen interessierte sie gar nicht mehr. Ich kam vom Pinsel her und nicht von der Rechenmaschine bzw. vom Rechenschieber. Und der Pinsel ist nun einmal das entscheidende Werkzeug eines Malers.

H. M.
Du sprachst davon, daß Deine beiden Lehrer überaus harte Arbeiter waren. Nach dem üblichen Klischee, das die Öffentlichkeit immer noch vom Künstler hat, ist dieser ein Mensch, den alles im Schlaf überkommt, der nicht ernsthaft zu arbeiten braucht und der sich als Künstler durch ein paar verrückte Einfälle qualifiziert, auf die seine Mitmenschen noch nicht gekommen sind. Wir wissen aber, daß wir nur dasjenige mit größter Leichtigkeit und Spontaneität hervorbringen können, was zunächst tausendfach geübt oder – wie im Sport – trainiert worden ist.

Man hat gelegentlich das Gefühl, daß man bei einem Maler die virtuose Beherrschung der verschiedenen Techniken und Ausdrucksmöglichkeiten, die, um ein Beispiel anzu-führen, bei einem Violinisten die selbstverständliche Grundbedingung seiner künstleri-schen Gestaltung ist, entschuldigen muß. Wenn Anne-Sophie Mutter von der Berserkerarbeit des Künstlers spricht, von der Notwendigkeit, daß bereits im frühen Alter ein Automatisierungsprozeß einsetzen müsse, um sozusagen auf Knopfdruck die Dinge perfekt ablaufen zu lassen, und davon, daß bei einem Geiger "nun mal mit 13 alles gelaufen" sei, so wird niemand diese Violinistin verdächtigen, sie rede einem geistlosen Virtuosentum das Wort und spräche eigentlich vom Sport. Eine ausgefeilte Technik, ein ausgeprägter Formwille sind für jedes Kunstwerk notwendig.

K. S.
Wenn ich in einem großen Konzertsaal sitze und ein Dirigent hebt seinen Taktstock, dann merke ich nach den ersten zehn Takten, wes Geistes Kind er ist und was dies für ein Abend werden wird. Welche unerhörten Forderungen werden beispielsweise in Dirigentenklassen erhoben, welche Bedingungen werden da wie ganz selbstverständlich vor der Aufnahme gestellt. Was aber die Malerei angeht, so glauben unsere Kunstadepten, sie könnten da beginnen, wo Picasso aufgehört hat.

Als ich einmal Kokoschka besuchte, hatte er einen kleinen toten Vogel vor sich liegen, und er malte von dem kleinen toten Tier ein Aquarell nach dem anderen. Als ich ihn fragte, warum er sich denn mit solch einfachen Aufgaben abgäbe, erhielt ich zur Antwort: Irgendwann wirst Du es auch einmal merken: Das sind die Etüden, die Fingerübungen. Erst wenn ich einige Aquarelle dieser Art gemalt habe, fühle ich mich in der Lage, wieder in das große Bild einzusteigen, das auf meiner Staffelei steht. Dieses Bild ist übrigens später unter dem Namen "Thermopylen" bekannt geworden. Er hat – was ich damals gar nicht verstehen konnte – unendlich lange daran gearbeitet. Ein Superbild!

Das war also schon ein merkwürdiger Kontrast: Auf der einen Seite die faszinierenden Aquarelle, von denen er zwei bis drei an einem Vormittag malte, und dann die Sisyphosarbeit an dem großen Bild.

Ohne harte Arbeit und hohe Konzentration ist Kunst nicht zu haben. Jedenfalls würde in jeder anderen Kunstart der Stümper ausgepfiffen, gnadenlos. In der Malerei hingegen kann ein Pfau jahrelang unangefochten durch die Gegend stolzieren. Er sollte sich aber nicht als Maler bezeichnen. Er ist ein Gaukler. Selbstverständlich brauchen wir auch Gaukler, dringend sogar. Sie haben in jeder Gesellschaft ihre Berechtigung. Das Bedürfnis nach Gaukelei besteht, und es soll daher auch bedient werden.

H. M.
Klaus Fußmann hat einmal gesagt: "Die Arbeit ist Fron, aber die Malerei ist ein Fest." Vielleicht liegt in aller Kunst dieser Festcharakter, ein latenter Optimismus, der nicht leichtfertig und oberflächlich ist, sondern der Welt ein Dennoch entgegensetzt. Wenn Kunst das Leiden darstellt, dann stellt sie auch die Überwindung des Leidens dar. Wie die Religion beschäftigt sie sich mit dem Tod, mit der Vergänglichkeit, aber in der Matthäuspassion steht die Auferstehung im Hintergrund, im Taj Mahal das Weiterleben im überirdisch schönen Monument und die Terrakotta-Armee in Xi'an setzt der Endgültigkeit des Todes das Dennoch einer anderen Welt entgegen.

K. S.
Ich würde dies alles unterschreiben, aber wichtig für mich ist doch, daß nicht das Bild ein Fest ist, sondern das Malen selbst. Nicht beim Ergebnis, beim fertigen Bild, knallen die Korken, die Begeisterung stellt sich vielmehr ein, wenn sich die Bildelemente zum Ganzen zu fügen beginnen.

… Die Landschaftsbilder Straubingers stellen uns den Zusammenprall oder auch die Wechselbeziehung der Elemente vor Augen:
Licht, Luft, Erde, Gestein – eine unerhörte Aufgabe.

Landschaften –
geometrische Strukturen

99

98–100 3 x ohne Titel, 1971–72 – Öllasuren auf Schöller-Hammer, 61 x 53 cm

101 Kleine Landschaft – Anatolien, 1978 – Öl auf Karton, 17,5 x 23 cm

Maler und Bildhauer sehen die Landschaft: NDR-Film – Sylt 1971
Hamburg – Lokstedt
Nordschau Magazin Kiel (Anatol - K. S.)

102 Sylt – Strandspiele, 1982 – Gouache, 61 x 77 cm

103 Suche –
Landschaftsausschnitte, 1982
Öllasur, 61 x 77 cm

104 Geometrische Landschaft I, 1977 – Öl auf Schöller-Hammer, 70 x 55 cm

105 Geometrische Landschaft II, 1977 – Öl auf Schöller-Hammer, 70 x 50 cm

106 Spaziergang am Strand, Sylt 1980 – Öl auf Leinwand, 90 x 80 cm

107 Junge am Meer „Nils", 1980 – Öl auf Leinwand, 100 x 100 cm

109 „Heute"

108–110 Triptychon, 1983 – Öl auf Holz, 100 x 100 cm

108 „Gestern"

110 „Morgen"

111 Sardische Küste, 1991 – Öl auf Leinwand, 90 x 110 cm

112 Marmor-Fragmente, 1991 – Öl auf Leinwand, 100 x 125 cm

113 „Ritter – Dame – Springer" 1990/91 – Öl auf Leinwand, 100 x 125 cm

114 „Najaden", 1991 – Öl auf Leinwand, 100 x 125 cm

115 Strandgut I, 1990/91 – Öl auf Leinwand, 100 x 80 cm

116 Strandgut II, 1990/91 – Öl auf Leinwand, 100 x 125 cm

117 Pegasus und sich auflösende Muse I
     1994 – Öl auf Leinwand, 210 x 100 cm

118 Pegasus und sich auflösende Muse II
1994 – Öl auf Leinwand, 210 x 100 cm

119–121 Triptychon: Antike Küstenlandschaft, 1991 – Öl auf Leinwand, 100 x 100 cm

121   100 x 100 cm

120   100 x 125 cm

Eingangshalle
GE Superabrasives Europe
Dreieich-Dreieichenhain

122 Carrara – als geometrische Bühne, 1989 – Öl auf Leinwand, 180 x 250 cm

123 Aphrodite, 1990 – Öl auf Leinwand, 90 x 80 cm

124 Kleine Aphrodite, 1990 – Öl auf Leinwand, 90 x 80 cm

125 Mittelmeerküste mit Artischocken, 1976/90 – Öl auf Leinwand, 90 x 80 cm

126 Sardische Küste, 1990 – Öl auf Leinwand, 80 x 70 cm

127 Atlantis, 1991 – Öl auf Leinwand, 110 x 90 cm

… Im Zentrum steht die unerhörte Spannung zwischen architektonischen Strukturen, also dem, was vor langer Zeit von Menschenhand geschaffen wurde, und Naturformen, die sich das ihnen
Abgerungene wieder zurückholen. Charakteristische Titel oder
Untertitel dieser Bilder heißen: „Abtragungen", „Erosionen".

Atlantis-Variationen

128–134
I – VII
Öl auf Leinwand
110 x 90 cm ▷

128 Atlantis I

133 Atlantis VI

132 Atlantis V

135 Aphrodite I, 1995 – Öl auf Leinwand, 90 x 70 cm

136 Aphrodite II, 1995 – Öl auf Leinwand, 90 x 120 cm

137 Imagination I: Strukturen – Erosionen – Abtragungen
1995 – Öl auf Leinwand, 150 x 100 cm

138 Imagination II, 1995 – 150 x 100 cm

Ich habe vor kurzem gesehen, daß auch ein relativ unbedeutender Fondsanbieter, ~~mit einer~~ tit Art Rückkaufgarantie arbeitet.
Aber seien wir doch mal ehrlich!

wird
Wer ~~würde~~ schon einem freien Initiator abnehmen, daß er eine Rückkaufgarantie nach 20 Jahren einlöst.

Meine Damen und Herren, _keiner von uns verschließt sich ernsthaft mehr der Tatsache_
~~wir dürfen uns der Tatsache nicht verschließen,~~ daß sich der Markt für geschlossene Immobilienfonds/in Richtung Bankentöchter bewegt.
seit einigen Jahren

_8,0_   _über 600_
(LBB ~~1,8~~ Mrd.; Bayern-Hypo: ~~Megafonds~~ 385 Mio. ~~EK~~
~~innerhalb von 5 Wochen)~~

Trotzdem meine ich, daß uns das nicht unbedingt bange machen muß: Ich sehe im **Bankenvormarsch** auch **positive Auswirkungen für die freien Anbieter.**
Ich sagte es bereits im vorigen Jahr

M.E. _wird_ Der **Bankeneinfluß** ~~wird~~ mit Sicherheit den **Markt stabilisieren**, d.h. die Banken werden die **Produktlinie** "geschlossene Immofonds" **langfristig sichern.**

Diesem Aspekt kommt sicherlich ein besonderer Stellenwert zu, wenn wir mal über _die_ ~~das~~ Jahr 97/hinaus denken.
/98

Biographie

1939

Am 24. Januar in Villingen/Schwarzwald geboren. Die Mutter Regina, geb. Thoma, kommt aus einer Villinger Kaufmannsfamilie; der Vater, Karl Straubinger, stammt aus Stuttgart. Die Großmutter mütterlicherseits ist eine geborene Wiedel. Es ist sehr viel Musisches in beiden Familien. Die Wiedels sind Orgelbauer. Zu der Familie der Mutter gehören die Maler Hans Thoma und Waldemar Flaig, der unverständlicherweise einem größeren Kreis unbekannt bleibt. Der spätere Lehrer von Klaus Straubinger, Erich Glette, ist mit Flaig befreundet.

Der Vater besitzt ein ausgeprägtes Interesse an Kunst und Literatur; er malt selbst und wird zum entscheidenden Förderer der sich schon früh abzeichnenden Begabung seines Sohnes Klaus.

Klaus Straubinger hat zwei Schwestern, Beate und Traudel.

1952

Das Verhältnis zwischen Vater und Sohn wird durch ein zunächst harmloses Ereignis nachhaltig geprägt. Auf der Dachterrasse eines Nachbarhauses baut sich Klaus heimlich ein Paddelboot. Der Vater entdeckt den Eigenbau, als sein Sohn mitsamt der kleineren Schwester bei Hochwasser in ziemlich abenteuerlicher – und lebensgefährlicher – Weise auf der Brigach paddelt. Das zu erwartende Donnerwetter bleibt aus; der Vater bestellt statt dessen die für einen Boots-Unterstand notwendigen Baumaterialien.

1954

Wegen eines chronischen Ohrenleidens verläßt Klaus Straubinger das Realgymnasium in Villingen und beginnt eine Lehre als Positivretuscheur und Graphiker in der Graphischen Anstalt Meyle & Müller, Villingen und Pforzheim.

1956

Ende der Lehrzeit. Obwohl irrtümlich nicht zur mündlichen Prüfung erschienen, erhält Klaus Straubinger einen Preis wegen herausragender Leistungen. Pfadfinderzeit; Freundschaften aus dieser Phase bestehen noch heute. Viele seiner damaligen Freunde sind Sammler seiner Bilder.

Er lernt Trompete spielen, begeistert sich für Jazz – von Armstrong bis Peterson. Das erste eigene Zimmer in seinem Elternhaus malt er mit einem riesigen Armstrong-Porträt aus: sein erstes Porträt.

Pfadfindertreff in Villingen ist der Kaiserturm. Den der Gruppe zur Verfügung stehenden Raum malt Klaus Straubinger aus mit einer Kopie des Gelben Leoparden von Franz Marc. Das Bild wird 4 x 5 m groß und bildet einen eindrucksvollen Kontrast zu dem alten Gemäuer des Turms. Klaus Straubinger begeistert seine Freunde für moderne Malerei. Erste Skandinavien-Reise.

1958

Beginn der Berufstätigkeit als Graphiker und Positivretuscheur in Zürich. Einblick in alle reprographischen Techniken. Frau Balmer, die Zimmerwirtin in Zürich, trägt entscheidend dazu bei, daß Klaus Straubinger in der Kunstszene Zürichs heimisch wird. Er wird zu Vernissagen eingeladen, ist in den führenden Galerien ein gern gesehener Gast, besucht die wichtigsten Theaterproduktionen. Frau Balmer besitzt selbst einen Vlaminck und einen Utrillo. Zu ihrem Freundeskreis gehört ein Dr. Pollack, der eine umfangreiche Utrillo-Sammlung besitzt. Stadtbekannter Künstlertreff ist das Café Select, das auch Klaus Straubinger häufig besucht. Er läßt sich als Gasthörer in der ETH Zürich einschreiben: Klassen für Bildhauerei und Städteplanung. Intensive Schaffensphase; umfangreiche Skizzenmappe. Anregung des Vaters, diese Mappe der Akademie für Bildende Künste, München, vorzulegen.
Begeisterung für die französischen Impressionisten. Nachhaltiger Eindruck von einer Ausstellung der Fauves in Schaffhausen. Klaus nennt sich Claude und trägt ab sofort eine Baskenmütze.

1959

Aufnahmeprüfung an der Kunstakademie München.
Als erstes Atelier wird im Studentenwohnheim in der Keferstraße am Englischen Garten ein Raum hergerichtet, ganz in der Nähe der früheren Wohnung von Olaf Gulbransson.

1959–64

Studium in München. Sein Lehrer, von dem er sich besonders angezogen fühlt, ist Erich Glette.

1961

Heirat mit seiner Studienkollegin Heide Trux.

1961–1964

Atelier in Diessen am Ammersee. Erwerb eines Bauernhofs, der zu einem Atelier und zu Galerieräumen umgebaut wird. Der Hof wird zur Anlaufstelle vieler Malerfreunde und vieler persönlicher Förderer. Regelmäßiger Gast ist der Komponist und Musik-Professor Trunk, der in der Nachbarschaft wohnt. Einen Steinwurf entfernt wohnt Frau Thöny, die Witwe des Simplizissimus-Zeichners. Sie eröffnet die erste Ausstellung, die Straubinger in

Im Atelier in München

Prof. Erich Glette

Zu Besuch bei Oskar Kokoschka in Villeneuve

Selbstporträt 1957

Selbstporträt 1962

den Galerieräumen veranstaltet. Bekanntschaft mit Dr. Richard Jaeger, dem späteren Bundes-Justizminister. Von ihm und seiner Frau existieren Porträts von Straubinger.

Sehr unterstützt wird Straubinger auch von Professor Otto Huber, einem Freund von Dr. Jaeger. Häufige Besuche von Professor Glette und den Münchner Studienkollegen im Ammersee-Atelier.

1962–1965

Studium bei Oskar Kokoschka in Salzburg. In diesen Jahren entsteht ein enger freund-schaftlicher Kontakt mit dem bewunderten Altmeister. Häufige Besuche in dessen Haus in Villeneuve am Genfer See. Kokoschka beeinflußt die künstlerische Entwicklung Straubingers, er beeinflußt aber mehr noch seine Grundhaltung zur Malerei und zur Kunst überhaupt.

1963 wählt Klaus Straubinger eine ziemlich ungewöhnliche Reiseart, um zu Oskar Kokoschka nach Salzburg zu gelangen: den Pferderücken. Klaus Straubinger nimmt sich Zeit. Er ist fünf Tage unterwegs. Die Dorfgasthöfe haben das Vieh auf der Weide und folglich Platz genug für Roß und Reiter.

In der Nähe von Bad Tölz kommt er an einem wunderschönen Einödhof mit Haflinger Pferden vorbei. Die Gattin des Besitzers verwickelt ihn in ein Gespräch. Jahre später, als er in München ausstellt, wird er von einem Konsul Koch, dem Ehemann dieser Dame, angerufen und gefragt, ob er der reitende Maler sei. Die Kochs sind unter den ersten, die von Klaus Straubinger Bilder erwerben.

Einzelausstellung Galerie Schuhmacher, München (1963). Mehrere Ausstellungen in Landsberg/Lech, Utting, Holzhausen und Diessen am Ammersee (1962–1968).

1966

Trennung von Heide Trux. Studienreise nach Florenz.

1967

Reise nach Ibiza. Verleihung des Ibiza-Preises. Heirat mit Ute Bahner.

1968

Geburt der Tochter Nike. Straubinger will einem Freund aus der damaligen DDR zur Flucht verhelfen. Die Flucht soll über Bulgarien gehen. Die bulgarisch-jugoslawische Grenze ist bereits passiert. Auf Betreiben der bulgarischen Grenzposten wird Klaus Straubinger verhaftet und an die Bulgaren ausgeliefert. Auch dem Freund mißlingt die Flucht.

Auf Wunsch des bulgarischen Untersuchungsrichters zeichnet Straubinger nach Foto-Vorlagen mehrfach ein männliches asiatisches Gesicht. Erst später stellt sich heraus, daß es sich um Feliks Dzerschinskij, den Parteigänger Stalins, handelte. Durch den energischen Einsatz des Vaters und eines Vertrauensanwalts des Auswärtigen Amts wird Straubinger bis zum Prozeßbeginn Haftverschonung gewährt. Der bulgarische Anwalt verschafft ihm die Möglichkeit, Land und Leute kennenzulernen. Straubinger besucht das Rila-Kloster, wandert im Witoscha-Gebirge, besucht Konzerte in Sofia.

Im Prozeß wird Straubinger zu einem Jahr Gefängnis mit zweijähriger Bewährung verurteilt und sofort in die Bundesrepublik Deutschland ausgewiesen. Sein Freund wird in die DDR abgeschoben, dort gefangen gesetzt und schließlich von der Bundesrepublik freigekauft.

Nach Befreiung aus der Haft und seiner Rückkehr findet Klaus Straubinger den Ammersee-Hof ausgeräumt und ausgeraubt wieder.

Trennung von Ute Bahner.

Einzelausstellungen: Kunstverein Villingen/Schwarzwald; Galerie am Haus der Kunst, München: 1969–1974.

1969

Lernt Inge Eckardt kennen. Sie macht gerade in München das Abschlußexamen als Sport- und Gymnastik-Lehrerin und hatte vor kurzem selbst zu malen begonnen; sie lenkte mit vielbeachteten Ergebnissen Aufmerksamkeit auf sich. Reise nach Spanien.

Hiobsbotschaft: Der Ammerseehof ist – durch Fahrlässigkeit – zum größten Teil abgebrannt. Bekanntschaft mit dem Galeristen Hans Herrmann. Straubinger verbringt den Winter auf Sylt. In den Folgejahren immer wieder mit Ausstellungen verbundene Aufenthalte in Westerland und Kampen auf Sylt.

Einzelausstellungen: Galerie am Haus der Kunst München und in Westerland, Sylt: 1969–1974.

1970

Begegnungen mit Hans Abich, Intendant von Radio Bremen, Kurt Hübner, Intendant des Goethe-Theaters, später Arno Wüstenhöfer, ebenfalls Intendant des Theaters Bremen. Diese Menschen haben ihren Teil dazu beigetragen, daß sich Inge Eckardt und Klaus Straubinger – zunächst für ein Jahr – in Bremen niederlassen. Zugleich engagiert sich die Bremer Kulturbehörde durch Bildankäufe und vielfache Förderung. Ein großes Bild bei- spielsweise hängt in der Eingangshalle des Krankenhauses Bremen-Ost. Bilder von Klaus Straubinger finden sich in vielen öffentlichen Gebäuden Bremens.

1971

Erstes Blumenbild auf Anregung eines Galeristen. Skandinavienreise. Begeistert von der nordischen Landschaft: Weite, Küstennähe. Gewinnt Abstand vom Expressionismus.

Einzelausstellungen: Volkshochschule Bremen und Kunsthalle Worpswede, Friedrich Netzel.

1972

Porträt Carlo Schmidt. Es entsteht ein enger persönlicher Kontakt zu dem Politiker, dessen hohe Bildung Klaus Straubinger immer bewundert hat.

Einzelausstellungen: Galerie Hedström, Stockholm (1972 und 1974); Konrad-Adenauer-Haus, Bonn; Friedrich-Ebert-Stiftung, Bonn (Galerie Der Turm); Galerie Hofmeier,

Akademie München, II. Semester

Pause beim Ausbau des Ateliers am Ammersee

Im Atelier am Ammersee

Bremen; Galerie Lokomotive, Kampen, Sylt; Beteiligung an der Wanderausstellung „Kunst in Kasernen" (Schirmherrschaft Bundesminister Helmut Schmidt).

1973

Heirat mit Inge Eckardt. Beginnt, zeitgenössische Malerei zu sammeln. Inzwischen ist eine beachtenswerte, recht umfangreiche Sammlung zustande gekommen.
Einzelausstellungen: Kongreßhalle Davos (1973, 1974, 1976, 1979);

1974

Nordische Küstenlandschaften. Serigraphie, Mappenwerk. Reise in die Türkei auf Einladung der deutschen Botschaft in Ankara. Griechenland-Reise. Wichtige Eindrücke für spätere Landschaftsbilder.
Einzelausstellungen: Die Böttcherstraße Bremen; Galerie Linssen, Bonn (1974 und 1976); Salon d'Art Actuel, Brüssel; Galerie Ruf (Vereinigte Werkstätten), München.

1975

Einladung zu einem Gastaufenthalt im Munch-Atelier in Ecely, Oslo; (Deutsch-Norwegischer Kulturaustausch).
Geburt und Tod der Tochter Saskia.
Reisen nach Venedig, zu den Griechischen Inseln, nach Jugoslawien. Durch eine Vermittlung, die noch auf den Vater zurückgeht, kann sich Klaus Straubinger aus Bad Triberg, Schwarzwald, eine hervorragende Steindruckpresse besorgen. Er betreibt nebenbei eine Litho-Werkstatt. Ergebnis seiner künstlerischen Arbeit ist ein großformatiger Kunstkalender. Sein Titel: „Straubinger als Zeichner und Lithograph". Wichtig in diesem Zusammenhang ist die Freundschaft mit Erich Mönch, der damals in Stuttgart an der Kunstakademie unterrichtete und zu den bedeutendsten Lithographen Deutschlands gehört. Straubinger und Mönch hatten sich seit der gemeinsamen Pfadfinderzeit – damals hieß er für Klaus Straubinger noch „Schnauz" – nicht mehr aus den Augen verloren. Man sah sich wieder in Luxemburg, wo Straubinger ausstellte und Mönch die Sommerakademie leitete. Beide lithographieren gemeinsam. Mönch ist so begeistert von den lithographischen Arbeiten von Klaus Straubinger, daß er ihm und Inge seinen gesamten lithographischen Nachlaß vermacht.
Einzelausstellungen: Jean Summers, Seattle; Atelier Galerie Pointner, Salzburg. Kleine Galerie am Burgberg, Nürnberg; Kleine Galerie Vegesack, Bremen; Galerie Margo Langer, Hamburg; Galerie d'Art la Chapelle, Luxembourg (1975, 1977, 1979, 1983, 1985, 1987); Galerie Nova, Hagen; Galerie Winter, Hamburg (1975 und in den folgenden Jahren); Parlamentarische Gesellschaft Bonn (Galerie Linssen); Beteiligung: Internationale Kunstmesse, Köln.

Ritt vom Ammersee nach Salzburg zu Oskar Kokoschka, August 1963

Jockey – Gouache, 1964

1976

Geburt des Sohnes Nils. Frankreichreise.
Beteiligung: Internationale Kunstmesse Wien (Palais Liechtenstein).

1977

Das spanische Königspaar besucht Bremen und erhält als Gastgeschenk vom Bremer Senat das Bild „Ibiza" von Klaus Straubinger.
Einzelausstellung: Galerie Radicke, Bonn-Sankt Augustin (1977 und 1987).

1978

Kauf eines Hauses in der Parkstraße, Bremen.
Reisen nach England und Irland. Besuch von Inges Bruder, der in Irland als Architekt arbeitet. Bilder- und Skizzen-Serien entstehen.
Wachsende Bedeutung der Musik Wagners für die Malerei Straubingers. Mittelpunkt der Bayreuth-Besuche ist gleichwohl nicht das Festspielhaus, sondern das Hotel Weihenstephan, mit dessen Inhaber, Fritz Schwarz, Klaus Straubinger befreundet ist. Es kommt zu künstlerisch fruchtbaren Beziehungen zu bedeutenden Solisten und Dirigenten: Das Zusammensein mit Künstlern, die nicht Maler sind, erweist sich als außerordentlich anregend und belebend. Einige dieser Künstler hat Straubinger porträtiert.
Einzelausstellung: Städtische Galerie Villingen, Schwarzwald.

1979

Geburt der Zwillinge Meike und Maren.
Einzelausstellungen: Galerie am Markt, Heidelberg; Galerie Rolandshof, Rolandseck; The Naples Art Gallery, Florida, USA (1979 und 1980); Beteiligung: Art Basel (1979, 1980 und 1984).

1980

Einzelausstellungen: Galerie Bollhagen, Worpswede (1980, 1983 und 1988); happy joss Galerie Faust, Hamburg (1980 und 1983).

1981–1983

Errichtung eines Ausweich-Ateliers in der Alten Molkerei in Worpswede. Aber das Ambiente läßt ein intensives Arbeiten nicht zu. Deshalb wird dieses Atelier nach zwei Jahren wieder aufgegeben.
Einzelausstellungen: Galerie Neher, Essen (1981 und 1983); Galerie Paul Schulz, Flein; Europaparlament Luxemburg.

Selbstporträt 1966 – Öl auf Leinwand, 63 x 90 cm

Selbstporträt 1967 – Öl auf Leinwand, 80 x 90 cm

1984

Einzelausstellung: Galerie Gres, Frankfurt; der damalige Oberbürgermeister von Frankfurt, Dr. Walter Wallmann, ein Sammler von Bildern Straubingers, hatte es sich nicht nehmen lassen, die Einführungsansprache selbst zu halten. Seit 1984 mehrere Ausstellungen auf Einladung eines Hamburger Freundes, Dr. Dieter E. Jansen, Verleger von „Cash".

1985

Straubinger lernt Herbert Mainusch kennen, Direktor des Englischen Seminars der Westfälischen Wilhelms-Universität Münster. Mainusch hatte in einer Galerie Bilder von Straubinger gesehen, die ihn außerordentlich beeindruckten. Er erklärt sich spontan dazu bereit, den Einführungsvortrag bei einer Vernissage im Hause Rincklake van Endert zu übernehmen. Aus dieser ersten Begegnung entsteht eine große Freundschaft. In der Folgezeit setzt sich Mainusch intensiv mit dem Werk Straubingers auseinander und stellt es immer wieder in Vorträgen und Einführungsvorträgen vor.
Einzelausstellungen: Galerie im Hofmeierhaus, J. Mönch, Bremen (1985 und 1988); Rincklake van Endert, Münster.

1986
Einzelausstellung: Lintas-Forum, Hamburg.

1987
Einzelausstellungen: Festspielhaus Bayreuth; Dräger-Forum, Lübeck.

1988
Einzelausstellung: World Economic Forum, Davos, Schweiz (1988 und 1989); Kristin Jordan Verlag & Kunsthandel, Hamburg.

1991
Einzelausstellung: Willems Wohnen, Bremen.

1993
Einzelausstellung: Cercle Munster, Luxembourg.

1994
Einzelausstellung: Galerie Anholter Mühle, Isselburg/Anholt.

1995
Einzelausstellung: Metzger-Druck, Obrigheim

Öffentliche Ankäufe u.a.: Baden-Württembergisches Kultusministerium, Stuttgart; Stadt Villingen, Schwarzwald; Landkreis Landsberg/Lech; Staatskanzlei München; Bremer Senator für Wissenschaft und Kunst; Deutscher Bundestag.

Klaus und Inge Straubinger, 1984

Nils 1977, voller Freude über sein erstes Werk

Art Basel, 1980

Ibiza, 1975 – Öl auf Leinwand, 80 x 100 cm

Das spanische Königspaar bei der Überreichung des Bildes „Ibiza" von Klaus Straubinger
im Bremer Rathaus, 21. April 1977

Team-Work

Kammersänger Prof. Hans Sotin
Klaus Straubinger
gemeinsames Wandbild
Hotel Weihenstephan bei Fritz Schwarz
Bayreuth 1993

„Ein Sotin-ger"

Aus „Spaß an der Freud"